GUIA DOS PESADELOS

Christine Benoit

GUIA DOS PESADELOS

Como interpretá-los para você
se conhecer melhor

Tradução:
ROSANE ALBERT

EDITORA PENSAMENTO
São Paulo

Título original: *Les cauchemars réveillent qui vous êtes...*

Copyright © 2004 Ottawa.

Publicado originalmente por Les Éditions de Mortagne.

Todos os direitos reservados. Nenhuma parte deste livro pode ser reproduzida ou usada de qualquer forma ou por qualquer meio, eletrônico ou mecânico, inclusive fotocópias, gravações ou sistema de armazenamento em banco de dados, sem permissão por escrito, exceto nos casos de trechos curtos citados em resenhas críticas ou artigos de revistas.

A Editora Pensamento-Cultrix Ltda. não se responsabiliza por eventuais mudanças ocorridas nos endereços convencionais ou eletrônicos citados neste livro.

Dados Internacionais de Catalogação na Publicação (CIP)
(Câmara Brasileira do Livro, SP, Brasil)

Benoit, Christine
    Guia dos pesadelos : como interpretá-los para você se conhecer melhor / Christine Benoit ; tradução Rosane Albert. — São Paulo : Pensamento, 2007.

Título original: Les cauchemars réveillent qui vous êtes —
Bibliografia.
ISBN 978-85-315-1511-8

1. Autoconhecimento 2. Pesadelos 3. Sonhos - Interpretação I. Título.

07-8582   CDD-154.632

Índices para catálogo sistemático:
1. Pesadelos : Psicologia 154.632

O primeiro número à esquerda indica a edição, ou reedição, desta obra. A primeira dezena à direita indica o ano em que esta edição, ou reedição, foi publicada.

Edição   Ano
1-2-3-4-5-6-7-8-9-10-11   08-09-10-11-12-13-14

Direitos de tradução para a língua portuguesa
adquiridos com exclusividade pela
EDITORA PENSAMENTO-CULTRIX LTDA.
Rua Dr. Mário Vicente, 368 — 04270-000 — São Paulo, SP
Fone: 6166-9000 — Fax: 6166-9008
E-mail: pensamento@cultrix.com.br
http://www.pensamento-cultrix.com.br
que se reserva a propriedade literária desta tradução.

Para William e Mireille

Quando experimentamos a tranqüilidade perfeita, a Luz celeste se manifesta. Aquele em quem se acende essa Luz celeste vê o seu verdadeiro Eu. Aquele que cultiva o seu verdadeiro Eu alcança o Absoluto.

Chang Chung-Yuan

Sumário

Introdução 13

As questões mais freqüentes 15
    Quando sonhamos? 15
    Para que serve o sonho? 17
    Por que você se esquece dos seus sonhos? ... 23
    Por que decifrar um pesadelo? 26
    Como decifrar um pesadelo? 30
    Como saber se você interpretou corretamente o seu sonho? 32
    O pesadelo pós-trauma 33
    Análise dos temas mais freqüentemente citados 35

TEMA I: Meios de transporte 37
    Veículo 39
    Embarcação 47
    Trem e bagagens 50
    Avião 54

TEMA II: Violência 59
    Ataque e fuga 61
    Assassinato 63
    Ferimento 65
    Vítima de assassinato 67

TEMA III: Perda de cabelos e de dentes 69
    Cabelos 71
    Dentes 76

TEMA IV: Nudez 79
    Nudez 81
    Pés descalços 83

TEMA V: Animais, monstros e gigantes 87
    Cobra 90
    Monstro 96
    Diabo, demônio e animais do diabo 98
    Gigante 103
    Urso 105
    Cavalo 106
    Cachorro 107

TEMA VI: Caverna, túnel, corredor e esgoto 111
    Caverna 116
    Túnel e corredor 118
    Esgoto 120
    Estrangulamento 120
    Sufocamento 121

TEMA VII: Elementos 125
    Água 127
    Fogo 133
    Ar 136
    Terra 138

TEMA VIII: Casa e cidade 143
    Casa 145
    Castelo 146
    Porta 148
    Escada e queda no vazio 149
    Cidade 150

TEMA IX: Morte e doença **153**
    Morte 155
    Funerais 159
    Esqueleto 159
    Doença 160

Explicações necessárias **163**
    Você consegue chegar ao seu conhecimento interior graças à
    interpretação dos pesadelos? 163
    Como lutar contra o stress e a angústia? 166
    Saber reconhecer os sintomas e os perigos do stress 166
    Os fatores de stress 169
    A montagem de uma estratégia anti-stress 181
    Diferenciar angústia, neurose e ansiedade 208
    Outros instrumentos 210
    Enfrentar a morte para viver plenamente a vida 219

Bibliografia 223

Introdução

Se você sonha que está sendo perseguido por um bandido, que o seu carro mergulha no vazio, que mata a sua mãe, que está se afogando em seu sangue, que assiste ao próprio enterro... Se você acorda em sobressalto, encharcado de suor, com o coração disparado... este livro é dirigido a você.

Acalme-se: os pesadelos não predizem nem a sua morte nem seus próximos infortúnios. Em compensação, eles lhe enviam uma mensagem, e cabe a você decifrá-la! Mas para poder empreender um trabalho de auto-interpretação é preciso conhecer de que modo o seu inconsciente se expressa — suas ligações com a vida real. No entanto, isso está ao seu alcance. Este livro vai ajudá-lo a se conhecer melhor.

Compreender seus pesadelos é descobrir a origem deles e captar as mensagens veiculadas por uma parte desconhecida de você mesmo. Enquanto não decifrar essas mensagens, os pesadelos virão incansavelmente assombrar suas noites. O pesadelo expressa os conflitos interiores, as angústias ou o stress. O trabalho de análise vai lhe permitir vencer o medo alimentado por suas noites agitadas. Do mesmo modo vai favorecer a descoberta da sua verdadeira personalidade e conduzi-lo à paz interior. A angústia e o stress limitam o seu universo. O que você tem a ganhar com essa experiência? Você se tornará a pessoa que deseja ser. Conhecer-se bem é fazer um bom uso de si mesmo ao recusar-se a empregar sua energia para se destruir, para se subestimar e para se criticar. A atividade onírica abre as portas para a sua verdadeira personalidade; atreva-se a transpô-las!

As questões mais freqüentes

Quando sonhamos?

Durante o dia, você fica desperto e em estado de vigília, o que lhe permite agir e reagir diante do que o rodeia. Você recolhe, trata e manipula a informação imediata. É capaz de se lembrar do passado e de fazer projeções para o futuro. Está consciente ao mesmo tempo do mundo exterior e do seu mundo interior, um fenômeno a que os psicólogos chamam de "consciência de si".

O sono é considerado não só um período de repouso, mas também um estado modificado da consciência. O seu relógio biológico, mecanismo interno que regula os ritmos do organismo, é responsável por regular também os centros do sono e da vigília. Você dedica um terço da sua vida ao sono. É, portanto, totalmente legítimo o seu interesse pelo desenrolar do sono e pela função do sonho.

O organismo fica em estado de vigília ativa em média durante dezesseis horas, seguidas de oito horas de sono. Por muito tempo imaginou-se que as únicas funções do sono fossem permitir que o corpo se recompusesse e reconstituir as reservas energéticas.

Segundo Michel Jouvet, médico que consagrou sua vida ao estudo dos mecanismos oníricos e aos ciclos do sono, os sonhos acontecem durante uma fase que ele chamou de "o sono paradoxal". Ao longo desse período, o cérebro exerce uma atividade mental comparável àquela gerada durante a vigília. Durante o sono paradoxal, as ondas cerebrais são rápidas e os músculos do corpo relaxam, exceto os dos olhos que se movimentam rapidamente. Por exemplo, você pode sonhar que está correndo para não perder o trem, mas as suas pernas permanecem imóveis, daí a expressão "sono paradoxal".

Graças à eletroencefalografia, um registro da atividade cerebral de quem dorme, os cientistas puderam demonstrar que o sono percorre cinco ciclos que se reproduzem de quatro a cinco vezes por noite, com um intervalo de noventa minutos. Depois da fase de adormecimento (estágio 1), na qual se cai no sono, o cérebro funciona a uma velocidade reduzida. Ao passar essa fase, o ritmo cardíaco e a respiração tornam-se mais regulares. A eletroencefalografia permitiu aos pesquisadores fazer as distinções examinando o traçado das ondas de natureza diferente que caracterizam as diversas etapas do sono. As ondas cerebrais teta irregulares tornam-se muito fechadas e dão lugar ao sono lento (estágio 2), no correr do qual surge um novo tipo de ondas que foram chamadas de delta. Os estágios 3 e 4 correspondem ao sono lento e profundo. Cerca de uma hora e meia depois do adormecimento, a atividade do cérebro se modifica, os ritmos cardíaco e respiratório se aceleram. O organismo então segrega hormônios, e as pálpebras se agitam em movimentos rápidos. Você sonha. As ondas rápidas e de fraca amplitude às quais se misturam as ondas beta — características da vigília — tomam o lugar das ondas lentas e de forte amplitude. O primeiro período de sono é curto, mas quanto mais a noite se aprofunda, mais longos se tornam os sonhos. O tempo dedicado aos sonhos representa entre 20 e 25% da duração total do sono.

Os progressos na produção de imagens na área da medicina (*scanner*, ressonância magnética, tomografia) permitiram à neurologia compreender melhor o funcionamento do sistema nervoso e do cérebro. O sono é necessário ao bom funcionamento do organismo. As experiências realizadas com ratos permitiram verificar a importância do sono. Na verdade, privados do sono, os ratos foram enfraquecendo e a maior parte deles acabou por morrer. Se atualmente sabemos analisar o desenrolar do sono, persiste ainda um grande mistério: para que serve o sonho?

"Se um artesão sonhasse todas as noites, durante doze horas, que era rei, creio que ele seria tão feliz quanto um rei que sonhasse todas as noites, durante doze horas, que era um artesão."

Pascal

Para que serve o sonho?

- **Para fazer a alma viajar**

As tribos mais primitivas viam no sonho um "espaço-tempo paralelo" onde a alma ia viver aventuras diferentes e trazer do Eterno um ensinamento para os humanos. Não sonhar mais era um mau sinal; isso significava que a alma se preparava para se reunir às dos mortos. Segundo algumas crenças, a alma abandonava o corpo sob a forma de uma borboleta durante o sono. Os povos ameríndios construíam armadilhas para afastar os maus sonhos.

- **Para curar**

Na Antigüidade, os sonhos tinham o poder de curar. Os romanos e os gregos confiavam seus sonhos aos oniromantes, que eram encarregados de interpretá-los.

- **Para prever o futuro**

Era por meio dos sonhos que os deuses egípcios se expressavam para transmitir mensagens aos homens. Com José, filho de Jacó, no Velho Testamento, o sonho se tornou premonitório. O faraó sonhou com sete vacas gordas que subiam o Nilo, seguidas de sete vacas magras que devoravam as primeiras. José então previu que o Egito iria passar por sete anos de fome depois de sete anos de abundância.

- **Para se reaproximar de Deus**

Nas religiões judaica, cristã e islâmica, os anjos falam aos profetas em seus sonhos. Maomé extraiu sua missão divina de seus encontros noturnos com o arcanjo Gabriel. O profeta teve um sonho em que se via transportado a Jerusalém montado num cavalo alado, depois devolvido à sua casa, em Meca. Em razão desse sonho, Jerusalém se tornou uma das três cidades santas (com Medina e Meca).

- **Para liberar o inconsciente**

De acordo com o filósofo e sábio francês René Descartes (1596–1650), a razão guia o homem em seus pensamentos e ações. O consciente faz a ligação entre a realidade e o indivíduo: "Penso, logo existo." Ele é a sede do pensamento e do raciocínio. A descoberta do inconsciente — parte do psiquismo que escapa ao controle da consciência — põe em questão essa teoria. Ao dar origem ao conhecimento do inconsciente, Sigmund Freud (1856–1939), famoso psiquiatra austríaco, ressaltou a dualidade interior entre o que é conhecido, isto é, a consciência, e o que é desconhecido e que chamamos de inconsciente. Freud ligou os lapsos e os sonhos aos desejos.

Freud explica que estão recalcadas no inconsciente as experiências traumáticas, as pulsões sexuais e os desejos inconciliáveis com a realidade e as regras sociais, culturais ou religiosas. Esse recalque se faz à revelia; ele permite que você esconda no seu inconsciente tudo o que é doloroso, frustrante e ameaçador para o seu equilíbrio psicológico. Nem por isso você fica sofrendo de amnésia! As lembranças ficam guardadas na memória, mas você despeja seus medos, angústias e desejos insatisfeitos no inconsciente.

No estado de vigília, é o consciente que dirige a sua vida. O inconsciente se expressa apenas nos sonhos. Assim sendo, os sonhos traduzem os desejos guardados no seu eu mais profundo; eles lhe falam daquilo que você realmente é. O sonho possui, portanto, um sentido. "A interpretação dos sonhos é o caminho real para chegar ao conhecimento da alma", observou Freud. O inconsciente se constrói a partir da sua história pessoal. Ele se modifica com o passar do tempo pela experiência, pelas emoções e pelos sentimentos desagradáveis ou irrealizáveis.

• Para se lançar a uma aventura individual ou coletiva

Um dos discípulos de Freud, Carl-Gustav Jung (1875-1961), renomado psiquiatra, ampliou o inconsciente individual para inconsciente coletivo. Na opinião dele, o inconsciente conserva na memória não somente a vida pessoal de cada um, mas também toda a história da humanidade. É a razão pela qual os mesmos símbolos e as mesmas imagens se encontram em todas as culturas.

Ao analisar os sonhos de seus pacientes, Jung descobriu que eles encerravam imagens e elementos do mundo inteiro. Os pacientes narravam acontecimentos, descreviam lugares ou se referiam a diversos períodos históricos desconhecidos anteriormente. Jung deduziu que se o inconsciente pessoal concentrava lembranças esquecidas, recalcadas e sensações subliminares, havia uma outra forma de inconsciente próprio à espécie humana: o inconsciente coletivo.

Desde o início dos tempos o inconsciente coletivo absorve os arquétipos, isto é, as imagens primordiais, boas ou más, vestígios da existência dos nossos ancestrais, arraigados em nós como modelos psíquicos universais. As imagens constituem o fundo comum da humanidade. Elas se escondem em nossa alma na qualidade de herança coletiva.

A nossa vida é dominada pelos arquétipos que são ao mesmo tempo fatores poderosos de evolução e fatores de impedimento. Todo tipo de objetos, personagens ou situações evocando a humanidade podem servir de arquétipos. Jung dá como exemplo a mãe que pode ser: "a mãe pessoal, todas as mulheres que desempenharam um papel significativo, as deusas, a Virgem, a Sabedoria." Em sentido figurado, ela é o paraíso, o reino de Deus, a igreja, o país, o mar, a cidade, a lua e o mundo subterrâneo. Em seus aspectos positivos, ela é a solicitude, a generosidade, a empatia e o acolhimento; ela carrega em si a imagem da fertilidade, da crença, da espiritualidade e do renascimento. Em seus aspectos negativos, ela assume a forma de uma feiticeira, de um dragão, de uma serpente, de águas escuras e profundas ou, ainda, da morte.

Desse modo, irrompem em seus sonhos os símbolos e as imagens mitológicas repletas de demônios, lobos, diabos, mágicos, deuses, como se a sua alma os extraísse da experiência humana. O inconsciente assim não é mais somente a "descarga" dos seus recalques; ele liga você com a humanidade, a natureza e o cosmos.

- **Para expressar a angústia da humanidade na forma de mito**

Todas as religiões contêm em seus fundamentos conteúdos míticos que começam pela criação do mundo, como se, ao querer explicar a organização do mundo, o homem procurasse dar um sentido à vida.

Hoje, o homem procura o equilíbrio entre o seu Eu moderno e a condição primitiva que persiste nele. Os sonhos dão oportunidade de relacionamento com objetos, animais, personagens e situações que evocam a experiência global de todos os homens. Esta última se expressa pelos símbolos que traduzem as suas motivações. A linguagem simbólica é, portanto, um meio de expressão da verdade do psiquismo humano.

Os mitos não são superstições gratuitas; carregam neles o mistério de uma linguagem comum à humanidade através do tempo e do espaço. Todas as culturas religiosas possuem um mito que responde às perguntas: "Quem criou o mundo? Como este mundo foi criado?". Da forma como é vivido pelas sociedades arcaicas, o mito conta uma história sagrada que realmente teve lugar no começo do mundo, que permite conhecer a origem das coisas e transmiti-las. O mito narra sempre alguma coisa que foi experimentada pela humanidade como uma verdade absoluta, pois conta uma história sagrada. O mito torna-se um exemplo para todos os atos humanos e permanece presente em nossos sonhos. Portanto, cada um carrega em si a nostalgia do tempo maravilhoso em que o homem e o divino formavam um todo. Na verdade, aspira-se a uma volta a esse estado inicial. O paraíso perdido em função do pecado original marca, no Ocidente, uma ruptura entre Deus e os homens. Inversamente, na China, existe desde os tempos mais remotos uma continuidade entre a Unidade suprema e a multiplicidade de seres que emanam dela, uma multiplicação da Unidade primordial que produz os dez mil seres (conjunto dos habitantes do universo).

A história da criação continua a viver por intermédio dos rituais. Nos sonhos, o símbolo mítico representa uma função psíquica. Assim sendo, a significação não é a mesma se você sonha com personagens, monstros ou animais. As personagens míticas possuem características negativas (instinto bélico, ciúme, impulsividade e cólera) e características positivas (amor, coragem, lucidez). Esses heróis sofrem punições atribuídas às suas deficiências e obtêm recompensas graças às suas qualidades. Os monstros simbolizam os instintos primários e a perversão sexual, que constituem um obstáculo à evolução em direção à sabedoria e à conquista de si mesmo. Os animais evocam a forma de comportamento. Para cada um dos símbolos, é preciso trabalhar os aspectos sãos e doentios de seu psiquismo.

Hoje, os mitos fazem do homem moderno um herói que deve combater seus demônios interiores, em busca da verdade da sua problemática. A sua luta atual é um combate psicológico. Toda imagem mitológica é uma informação sobre a vida interior que permite que se encontre a harmonia com o mundo exterior.

• Para entrar num processo de transformação

O sonho utiliza a linguagem específica da alquimia, que se esconde por trás da arte da transmutação dos metais em ouro, uma operação simbólica de transformação interior. A alquimia dá uma significação a cada cor. Assim, o vermelho representa a vida, o dinamismo, o sangue e a cólera. Atribui-se ao azul o frio, mas também o espiritual[*]. O verde

---

[*] Espiritual: o que é da natureza do espírito, que se refere à vida interior, da alma. A espiritualidade não está ligada unicamente à idéia de Deus.

evoca a natureza e a fecundidade, e o amarelo, o sagrado. O preto se refere à matéria-prima da fundação, ao inconsciente. Inversamente, o branco representa a pureza e a consciência.

• Para manter um equilíbrio entre o corpo e o espírito

Alfred Adler (1870-1937), um dos alunos de Freud, acha que os sonhos permitem compreender melhor o tipo de vida que levamos. Segundo ele, o corpo e o espírito são inseparáveis. Conseqüentemente, se você experimenta um mal-estar psíquico, o seu corpo vai manifestá-lo por meio de tensões físicas ou doenças. De maneira inversa, o estado orgânico influi no psiquismo. Se a sua saúde declina, você se sente deprimido. Adler sustenta que, se estiver enfrentando um problema que acha que não vai conseguir superar, você vai pôr em prática uma série de medidas que lhe permitam afastar-se do perigo imaginado. Vai provar a si mesmo e aos outros que deve permanecer afastado de tal ação ou decisão. A sua conduta é determinada não pelos acontecimentos, mas por sua visão do problema, uma opção sugestiva fundada na sua concepção de mundo.

O sonho tem um valor amplificador; isso quer dizer que os pesadelos vêm reforçar a sua ansiedade. Você procura se posicionar como vítima de um destino em que não é sua a responsabilidade de evitar passar por um infortúnio.

Segundo Adler, o equilíbrio consiste em se adaptar à comunidade humana e em colaborar. Você não deve se sentir em segurança na fuga, caso contrário, a doença será o seu último refúgio.

• Para entender os desejos

De acordo com Paul Diel, psicólogo francês de origem austríaca (1893-1972), o sonho permite ir atrás da decisão que faltou no estado de vigília. A dificuldade de chegar à decisão vem da diversidade entre os seus desejos e as infinitas possibilidades de satisfação.

- **Para reorganizar o espírito**

    O progresso da psicofisiologia permitiu imaginar outras hipóteses. O sono paradoxal seria uma espécie "de oficina de consertos" que nos permitiria reparar a auto-estima minada durante o estado de vigília. Depois de um decênio, os conhecimentos sobre o cérebro permitiram que os pesquisadores formulassem outras hipóteses: Foulkes acha que o número de pesadelos seria proporcional ao número de dificuldades encontradas durante o dia. Segundo Cartwright, os sonhos permitiriam a resolução dos problemas. Crick e Mitchinson, por sua vez, crêem que há um reordenamento das informações acumuladas durante o dia para evitar obsessões. Winson supõe que o sono paradoxal facilitaria a memorização das informações adquiridas no correr do dia. Segundo Jouvet, o sonho asseguraria a nossa especificidade, aquilo que faz de cada um de nós um ser único, limitando o peso do meio que nos cerca. O sonho se destinaria a manter as bases genéticas da nossa personalidade.

    Todos esses dados permanecem no reino das hipóteses. Mesmo que a ciência ainda ignore a função do sonho, parece que o sonho permanece indispensável ao equilíbrio mental. Ele é uma manifestação do seu psiquismo e consiste numa verdadeira mina de informações sobre você mesmo, desde que você saiba decifrá-lo.

    "Só obtemos alívio em nosso sofrimento depois de experimentá-lo plenamente."

    Marcel Proust

Por que você se esquece dos seus sonhos?

Muitas pessoas afirmam que não sonham. Entretanto, nós todos sonhamos. A sede do sono paradoxal, que induz ao sonho, está localizada na parte central do tronco cerebral. As experiências provaram que a pessoa que acorda durante a fase do sono paradoxal se lembra do sonho. Ao contrário de outras, que não retêm os seus sonhos. A lembrança de um sonho pode se conservar durante um quarto de hora depois do despertar. O fato de ele ser lembrado ou não depende de alguns fatores: a ingestão de determinados medicamentos, o desinteresse, o medo do desconhecido, a ausência de explicação científica, a ignorância, o despertar brusco e o levantar-se rapidamente.

• Os efeitos de determinados medicamentos

Os tranqüilizantes ou ansiolíticos que servem para diminuir a ansiedade suprimem quase totalmente o sono paradoxal. Esses neurodepressores privam seus usuários da linguagem dos sonhos ao diminuírem a atividade dos centros respiratórios do tronco cerebral. Além disso, a longo prazo, eles podem criar uma dependência física e psicológica. Os soníferos também perturbam o sono paradoxal. Os medicamentos não fazem nada além de acalmar a dor, impedindo-a de se manifestar. Eles a encobrem sem com isso resolver o problema. Uma vez que descubra a causa da sua angústia, você vai se ver livre desse mal-estar. Se não estiver ligado a si mesmo pelo fio do inconsciente, vai deixar que os medicamentos governem a sua vida.

• O desinteresse

A falta de interesse e de curiosidade pode igualmente estar na origem da sua amnésia. Um sonho considerado totalmente extravagante não prende o interesse do sonhador. É difícil levar a sério um sonho que você julga absurdo diante da realidade.

• O medo do desconhecido

Alguns podem ficar assustados com essa atividade noturna que escapa ao seu entendimento e controle. Essas pessoas preferem dirigir suas vidas a partir dos seus atos. Reprimem as emoções ou deixam que elas surjam de maneira seletiva. Os sonhos levantam questões que elas preferem evitar. Não desejam enfrentar os aspectos um pouco loucos de si mesmas e não se sentem atraídas por seu mundo interior. O seu inconsciente libera suas crises de angústia; deixe que ele se manifeste! Se a angústia não puder ser liberada pelo sonho, ela provocará outras disfunções. Aquilo que o espírito não pode dizer, o corpo vai revelar por meio da doença para atrair a sua atenção.

- ## A ausência de explicação científica

A ciência continua sem saber definir a função do sonho. De fato, seu espírito cartesiano pode refutá-lo tão plenamente que você se nega a considerar os seus sonhos; você os nega e eles ficam no esquecimento.

- ## A ignorância

Algumas pessoas ignoram que podem extrair algumas informações de sua atividade onírica. O sonho traduz a sua verdadeira personalidade, o seu Eu profundo. Negligenciar os sonhos é dissociar-se de sua verdadeira natureza. A percepção do mundo exterior se apóia no seu mundo interior. Ao se interrogar sobre o significado dos pesadelos, você vai liberar antigos bloqueios, assim como medos e traumas passados. Vai se livrar da angústia e dissipar a dúvida para se sentir em paz. Você tem o poder de reavivar as mágoas para poder curá-las. Depois de ter combatido os seus demônios interiores, vai ficar mais bem preparado para enfrentar a vida. O despertar não será mais doloroso. O dia seguinte lhe trará uma energia nova que vai liberar seus talentos e sua criatividade. Isso é o que os pesadelos propõem.

- ## O despertar violento e o levantar-se rapidamente

Outras pessoas não levam o tempo necessário para despertar tranqüilamente. Elas programam a hora de se levantar para o mais tarde possível a fim de aproveitar ao máximo a noite. Levantam-se às pressas, enfiam uma roupa e saem sem tomar o café da manhã. Essa maratona matinal não favorece nem ao bem-estar nem à memorização dos sonhos. Você deve deixar que as imagens oníricas venham à tona permanecendo deitado.

Se você tem a tendência de esquecer os sonhos, pode, quando for para a cama, repetir muitas vezes o seu desejo de querer se lembrar. Quando acordar, fique imóvel, com os olhos fechados, para dar tempo às imagens de ressurgirem. Fixe em seguida essas imagens em sua memória antes de descrevê-las no seu diário de sonhos. Não se deixe atormentar por essas visões de horror ou de apocalipse; o inconsciente não fala a mesma língua que o consciente. Aprenda a decifrá-lo!

Por que decifrar um pesadelo?

Ao acordar, o pesadelo lhe parece tão terrível e incoerente que o seu primeiro desejo é esquecê-lo imediatamente. Gelado até os ossos, às vezes você fica aterrorizado com suas imagens noturnas. A sua educação engloba regras sociais e morais que os seus sonhos ignoram. Há em você um censor mais ou menos severo que o autoriza a agir ou, ao contrário, que o impede de fazer isso. Ele guia incessantemente a sua consciência. Para não entrar em confronto com o seu censor interior, o inconsciente o informa do que é necessário ao seu bem-estar por meio de símbolos. Ele lhe fala por meio de imagens interpostas de você mesmo.

- **Como posso sonhar que abandono o meu único filho que eu adoro?**

A interpretação desse sonho possivelmente conscientizaria essa jovem mãe de que ela dedica todo o seu tempo ao filho em detrimento das horas de liberdade necessárias a ela ou a seu companheiro.

Que vergonha me ver de joelhos, incapaz de me levantar, embora eu seja responsável pelos recursos humanos de uma grande empresa. Estou correndo sempre para todo lado...

A decifração desse sonho poria em evidência o cansaço real desse diretor, que está ligado ao stress de sua atividade. A energia que ele consagra à sua empresa deve ser recuperada programando momentos de descanso: deve reservar um tempo para si mesmo, para a família e os amigos. Se o pesadelo é acompanhado de distúrbios físicos (dores musculares, sintomas cardiovasculares, problemas gastrointestinais, dificuldades no desempenho sexual, etc.) ou de mudanças nos hábitos de consumo (perda de apetite, aumento do consumo de álcool e de cigarro, ingestão de medicamentos, etc.), é preciso levar essa mensagem a sério. Se esse homem não deu importância às suas primeiras indisposições físicas, ele deve ficar atento aos avisos do seu inconsciente.

Sonho que sou obrigado a dividir o leito com meu avô. Seus lençóis estão sujos de sangue. Ele está muito mal...

Esse homem passou com muita dificuldade pelo período de doença do avô a quem amava muito. Ele se culpa por não tê-lo visitado quando ele estava doente. O medo da doença e da morte o assombra todas as noites.

Se pensar que é suficiente esquecer o pesadelo para se libertar, você estará cometendo um grave erro. Além de tudo, essa idéia é falsa. Ignorar a sua mensagem é fugir de uma situação presente ou passada que faz você sofrer em silêncio. Esquecer significa agravar o seu sofrimento. Ao escutar e compreender a mensagem de alerta que foi transmitida, você fica em condições de fazer a ponte sobre a origem do seu mal para erradicá-lo.

No silêncio da noite, os pesadelos se dirigem a você. Ao analisar seus pesadelos, você aprende a se conhecer melhor porque tem acesso ao seu inconsciente. O sonho não é apenas um filme em que você é o herói, mas, acima de tudo, um instrumento que lhe permite manifestar seus verdadeiros pensamentos e desejos. O desejo constitui uma insatisfação em relação a algo que você gostaria de ver realizado no mundo exterior. Compreenda-o!

Paul Diel chama o desejo que assegura a sua integridade de "desejo essencial". O desejo anima toda a sua vida. O trabalho de interpretação o faz descobrir a maneira pela qual você percebe e expressa suas emoções. A sua personalidade se formou no decorrer de toda a sua vida em função das primeiras relações estabelecidas com seus pais e o seu meio. Você desenvolveu um maior ou menor sentimento de confiança de acordo com o resultado de suas primeiras experiências. Adquiriu uma certa autonomia e um senso de iniciativa de acordo com os primeiros incentivos ou com as repetidas advertências. A sua maneira de ser e de reagir faz de você um ser único. Caráter, temperamento, sensibilidade, atitudes, habilidades e moralidade são características forjadas ao longo do tempo para formar a sua personalidade.

• Os pesadelos diferem de acordo com a idade

Nos seus pesadelos, as personagens tentam denunciar um conflito não-expresso ou não-resolvido. De um lado, uma parte da sua consciência o pressiona a expressar seus desejos. De outro lado, outra parte o critica, o censura. Embora desagradável, essa atividade noturna o ajuda a resolver o conflito quando está acordado. Os seus pensamentos críticos se expressam por meio das personagens que representam a autoridade e a justiça, como o pai, a mãe, o policial, o professor, o padre, o juiz, etc. Os seus desejos assumem a aparência da prostituta, do ator, do pintor, do músico, das mulheres e dos homens sedutores.

Além disso, de acordo com a sua idade, você não vai mais ter os mesmos pesadelos, porque as suas preocupações serão outras.

A criança pequena cria pesadelos que se ligam à sua realidade: medo experimentado ao ouvir uma história ou durante um filme (monstro, gigante, lobo, bandido); medo de ser abandonada, ligado à separação da mãe (ela sonha que está perdida), etc.

O adolescente constrói pesadelos que o remetem aos seus desejos e às escolhas que deverá fazer para encontrar sua verdadeira identidade.

O adulto encontra a realização em seu trabalho e em uma relação amorosa que lhe permita formar uma família. O infortúnio ou as dificuldades que enfrenta para se realizar plenamente vão alimentar seus pesadelos.

Ao se aposentar, o adulto deve se redefinir independentemente do papel profissional. Quanto mais elevado o cargo ocupado ou quanto mais tempo ele consagrava ao trabalho, mais difícil se torna a adaptação à nova situação se ela não for preenchida por outras atividades (culturais, políticas e lúdicas). É a época em que o aposentado faz o balanço de sua vida. Envelhecendo, o homem é confrontado com a morte, a doença e o isolamento. Cada período da vida carrega diferentes desejos de realização e gera medos substituídos pelos pesadelos, sendo que a morte pode ser sentida como um último infortúnio.

• A ilusão de uma chave genérica para os sonhos

Não existe uma interpretação geral dos pesadelos, uma chave universal que abriria a porta dos sonhos. Este livro apresenta uma via de reflexão que guia o leitor em seu próprio caminho. Se você interpretar corretamente um pesadelo, não vai tê-lo novamente, porque resolveu o seu problema. Se a sua interpretação for incompleta ou falsa, o pesadelo reaparecerá. Não desanime. Procure as resistências que o impedem de criar as associações pertinentes e de dar uma interpretação coerente. É a partir desse trabalho pessoal que você aprende a se conhecer melhor. As suas angústias provêm do seu sistema de crenças[*] que limitam a expressão do seu potencial. Superando-as, você empreenderá um vôo novo.

---

[*] Crença: mecanismo inconsciente de aprendizagem, absorção e tratamento das informações recolhidas desde a infância e acumuladas na memória.

Como decifrar um pesadelo

Decifrar um pesadelo consiste em se perguntar qual seria o seu significado.

Contar um pesadelo é uma tarefa difícil! Você se sente perturbado por uma história aterrorizante em que se misturam emoções e imagens violentas, projetada em seguida na realidade, o que lhe dá uma outra dimensão. Felizmente, o cenário onírico nunca é totalmente levado a sério! Ele indica aquilo que você não ousa dizer ou aquilo que não deseja levar em consideração: uma situação difícil de suportar, um forte stress, uma dor que vem da infância e jamais foi abordada abertamente, etc. É preciso aprender a interpretar o pesadelo para não se reprimir uma segunda vez. O mais simples é você se equipar com um caderno e traçar uma linha vertical no centro de cada página. Esse caderno será o seu caderno de sonhos.

Do lado esquerdo, anote a data e o relato, o mais cedo possível para evitar os esquecimentos. A narrativa, redigida no presente, deve ser a mais fiel possível, sem procurar interpretar ou expressar sentimentos. Escreva o relato do sonho de tal modo que ele fale não só de você, mas também das ações das outras personagens. Não se esqueça de detalhes como cores, nomes, objetos, paisagens. Terminada essa tarefa, pule algumas linhas e anote o que você sentiu no sonho: mal-estar, medo, vergonha, culpa, solidão, desespero, desconfiança, sentimento de inferioridade, cólera, desgosto, angústia, uma leve perturbação, etc. Em seguida, sem pensar, dê um título à história e escreva-o logo acima do texto.

Do lado direito, você vai proceder à análise, que vai se efetivar a partir de símbolos e imagens. O trabalho de interpretação é difícil nas primeiras abordagens, porque o inconsciente emite uma mensagem codificada, exatamente por ser censurada. Se a mensagem aparecesse em toda a sua realidade, seria insuportável para o seu consciente. Não se esqueça de que você a recalcou exatamente por isso! O código é complexo, porque você pode sonhar com uma pessoa certo de que se trata dela, sendo que, fisicamente, ela não tem nada em comum com a realidade. É possível que o próprio sujeito ou mesmo o objeto do sonho não tenha nenhuma ligação com suas preocupações ou paixões.

Sonho que ando a cavalo, embora eu tenha pavor de cavalos. Estou pilotando, embora nunca tenha viajado num avião.

O sonho é constituído de imagens, emoções e sentimentos que são difíceis de descrever claramente. O sonho utiliza símbolos dos quais ignoramos o sentido e, entretanto, temos no nosso inconsciente a consciência intuitiva do simbolismo. Esse conhecimento provém dos contos, dos mitos, da religião e do estudo dos costumes.

Tome como exemplo um sonho que se passa em um jardim. É preciso em primeiro lugar procurar a simbologia do jardim. Um ocidental imaginará o jardim bíblico: "O Senhor Deus planta um jardim no Éden e lá coloca o homem que ele criou". Um oriental vai estabelecer um paralelo com o jardim zen descrito no Sakuteïki: "Plantar uma árvore é criar um paraíso terrestre". Nas duas culturas e em épocas diferentes, o jardim representa um lugar sagrado.

O jardineiro deve trabalhar a terra, semear, regar, arrancar as ervas daninhas, etc. A natureza retomará rapidamente os seus direitos se o jardineiro abandonar sua tarefa. Um jardim se cultiva com o suor do rosto. Não é, portanto, um trabalho fácil. O jardim interior exige a mesma atenção: um trabalho incessante para que cada um dê o melhor de si. O pesadelo que se passa num jardim abandonado e invadido por ervas daninhas atrai a sua atenção para o fato de que você deve assumir novamente as rédeas da sua vida. Não renuncie às suas aspirações mais profundas. Elas têm um valor essencial.

Anote do lado direito a frase de Voltaire em *Candide*: "Cultivemos o nosso jardim". Tenha sempre presente que o seu jardim interior é o seu Eu, um lugar sagrado para a sua realização.

Como saber se você interpretou corretamente o seu sonho?

A interpretação dos sonhos consiste em estabelecer ligações e associações sem querer entender logo de saída o essencial. Você deve sentir se a análise feita encontra eco em qualquer coisa que vive em você. As associações sugeridas pelo símbolo referem-se tanto às lembranças quanto às emoções. Não procure associações complexas. Deixe que sua intuição fale mais alto e tenha confiança em seu instinto!

O significado do pesadelo remete à sua vida, às suas preocupações. Anote em outra cor, sempre do lado direito, as suas preocupações atuais, as pessoas ou fatos que prendem a sua atenção neste momento. Você é capaz, em função da sua história e da sua experiência, de encontrar as respostas. Elas estão em você; este livro destina-se simplesmente a ajudar a compreender o que deve ser feito e a dar alguns elementos de análise, mas não é nem um glossário nem um dicionário especializado em sonhos. Assim que ler uma explicação, descubra como ela se relaciona a você, à sua vida atual, a um aspecto da sua personalidade, a um desejo secreto ou a um acontecimento passado. Trata-se de um verdadeiro trabalho de pesquisa, porque o sonho desloca, deforma e condensa a realidade.

Para tentar compreender um pesadelo, procure a forma como se comporta a personagem principal, assim como os outros participantes. É você quem toma a iniciativa para provar a sua audácia ou, ao contrário, é a vítima? Do lado esquerdo, você anotou todas as ações das personagens. Do direito, procure razões que justifiquem o comportamento delas. Por que agiram assim? Quais são seus sentimentos no momento da ação? Quem são elas na realidade? Aos seus olhos, o que elas representam?

Em seguida, você volta a sua atenção para o meio ambiente: odores, cores, etc. O preto pode recordar a morte ou as forças do mal. Da mesma forma pode fazê-lo recordar-se de um medo terrível da infância, como a lembrança ruim de ter sido trancado em um armário. Esse trabalho de associações serve para estabelecer a ligação entre o seu consciente e o seu inconsciente. Durante o sono, o trauma passado ressurge a fim de que possamos levá-lo em consideração. O pesadelo procura atrair a sua atenção sobre sentimentos ou emoções que você não expressa mais. Você é levado a se fazer as seguintes perguntas: "Qual é o problema? Que devo fazer para resolvê-lo?". Se você decidir compreender as mensagens da noite, vai tirar muito proveito desse trabalho. O pesadelo é aquela vozinha interior que não deve ser calada! Você vai evoluir na direção do autoconhecimento, já que será obrigado a estabelecer uma síntese entre a sua vida diurna e a vida noturna.

O pesadelo pós-trauma

Um acontecimento terrível pode ter surgido em sua vida, colocando-o em perigo ou ameaçando sua integridade física. Desde esse dia, você se sente perturbado e vive receoso de que essa situação ocorra novamente. Tem a impressão de ter perdido os seus pontos de referência. Receia adormecer porque sabe que vai reviver incansavelmente a mesma cena durante a noite. Está convencido de que não conseguirá jamais esquecer o que houve. Você sentiu medo de morrer. Reagiu diante do perigo, seja fugindo, revidando ou ficando paralisado. A lembrança do que você viveu permanece impregnada em sua memória: o lugar, os cheiros, os barulhos, os gritos...

O acontecimento traumático pode ser provocado por catástrofes coletivas de origem humana (a explosão de uma usina ou de um imóvel [incêndio ou gás], ou o descarrilamento de um trem), de origem terrorista (bomba, revolta) ou de origem natural (tremor de terra ou inundação). Da mesma forma você pode ter sido vítima de um trauma individual: maus-tratos na infância, acidente de trânsito, agressão sexual, roubo à mão armada.

Depois de um choque desses, você quer se esquecer do que viveu e evita todas as situações que lembrem o trauma. De um só golpe, a sua percepção de mundo mudou: você passa a vê-lo perigoso e hostil e procura em vão uma resposta à seguinte questão: "Por que isso aconteceu comigo?" Se o seu sistema de crenças é construído sobre a idéia de que a vida é justa com os bons e que ela pune os maus, imediatamente você procura as más ações que pode ter cometido para merecer isso que lhe aconteceu. Conclui que forçosamente foi por culpa sua que não pôde reagir. Você se julga culpado: "Fui covarde porque deveria ter me defendido e sido mais prudente; cometi um erro muito grave". Perde a confiança em si mesmo e nos outros a quem, daí em diante, vê como potencialmente perigosos.

O seu corpo está sempre em sofrimento, sobressaltado diante do menor barulho e funcionando em estado permanente de alerta. Você sente tristeza, desconfiança, decepção, raiva, isolamento ("ninguém me compreende") e arrependimento. Você gostaria que tudo voltasse a ser como antes. Tenta dissimular o seu desespero, silenciar a sua dor diante das pessoas que o cercam, que só o encorajam a esquecer.

Que pena! Você não consegue; age como se tudo corresse bem, mas na verdade você tomou medidas para se proteger.

Se sofreu um acidente de trânsito, você não entra mais num carro. Se foi agredido, não sai mais de casa, não confia em ninguém, verifica constantemente se a porta da frente está bem fechada. Tudo é trancado e controlado, exceto as suas noites. Em seus pesadelos, você revive a agressão sofrida ou o acidente exatamente como aconteceu. Trabalha o dia todo para não sentir a angústia permanente que vive em você. Procura evitar todas as situações parecidas ou aparentemente similares. Entretanto, você não resolveu o problema, simplesmente o mascarou. A noite levanta o véu. Os pesadelos lhe dizem que você não fez nada para se ocupar realmente consigo mesmo. Não será esta a ocasião, lendo estas linhas, de encarar o acontecimento?

É inútil fazer de conta que nada aconteceu. Arme-se de coragem e relate os seus pesadelos. Do lado direito da linha, registre os seus pensamentos. Deixe-se levar, escreva sobre a sua raiva e o seu medo, permita-se chorar. Esta primeira etapa é dolorosa, mas representa um novo ponto de partida.

Depois de ter descrito o seu sofrimento, você deve trabalhar todos os dias a idéia de que o destino não o escolheu. Se você sofreu uma violência, não creia que mereceu isso. Você não fez nada ou não disse nada porque estava impossibilitado de fazê-lo, não porque estivesse consentindo (com a violência do transgressor, a autoridade familiar ou a posição social do agressor). Para ajudá-lo a retomar uma vida "normal", você pode contar com a ajuda de um amigo, um terapeuta, um sofrólogo ou uma associação. Você pode viver plenamente depois de um choque desses, se não fugir dele. A paz interior voltará assim que você tiver combatido a sua vergonha, o seu sentimento de culpa e tomado as medidas administrativas e legais. O mundo não mudou, foi o seu olhar que mudou. Acredite de novo na vida!

Análise dos temas mais freqüentemente citados

Depois de uma longa pesquisa, ficou claro que certos temas de sonho são recorrentes. É por isso que este livro aborda os pesadelos agrupando-os em torno de um mesmo símbolo. É evidente que a lista não é completa, permanecendo o objetivo que foi fixado desde o princípio deste livro: um instrumento para a interpretação individual e não um dicionário de sonhos. A meta não consiste em passar ao leitor as palavras-chave que desvendariam os enigmas noturnos e dariam uma explicação universal. Cada sonhador é uma pessoa única com uma vivência pessoal; sua vida onírica é, portanto, reveladora de sua identidade própria. Na verdade, os pesadelos nunca são contados integralmente. Uma frase em itálico seguida de reticências exprime a idéia sinalizadora evocada muito freqüentemente pelas pessoas que tiveram a gentileza de me ceder as mensagens de suas noites e depositar sua confiança em mim. Agradeço a elas.

Os sonhos evoluem ao longo dos séculos, porque eles se inspiram na vida cotidiana, mas seu conteúdo traduz uma certa constância na história da humanidade. Essa constância permite estabelecer um ponto de partida para a interpretação, que se apresenta sob a forma de questionamento pessoal, servindo de suporte para a reflexão interior. A força unificadora do símbolo não deve levar o leitor a acreditar que a solução está dada. Ela requer a sua participação ativa que vai apelar para a sua espontaneidade, emoção e intuição.

TEMA I
Meios de transporte

"Feliz quem, como Ulisses, fez uma boa viagem,
Ou como aquele que conquistou o tosão,
E depois voltou, com plena capacidade e lucidez,
A viver entre os seus pelo resto dos seus dias!"

Joachim du Bellay

VEÍCULO

Em toda a história do homem ele sempre desejou se locomover cada vez mais rapidamente e por distâncias cada vez maiores. Ele soube se utilizar dos animais para levá-lo ou para puxá-lo. Depois, com engenhosidade, usou sua força física com a invenção da bicicleta, até chegar à locomoção mecânica (trem, automóvel) e à invenção do avião.

Nos mitos, Faeton conduz a carruagem do sol, símbolo da condução da vida. Essa imagem é encontrada também no Arcano Maior 7 do tarô, chamado O Carro, que representa um jovem coroado, sentado em um magnífico carro puxado por dois cavalos. Esse homem tem uma postura enérgica, segura e confiante, parecendo dominar completamente a situação, contrariamente a Faeton, cujos cavalos se revoltam. O carro dele incendeia o céu e a terra. Aquele que segura as rédeas da carruagem ou o volante do seu carro tem a tentação do poder, do orgulho e da força.

O carro morreu, eu não consigo ligá-lo novamente...

O automóvel, termo que significa "que se move por si mesmo", é o meio de transporte individual mais utilizado. De acordo com a sua personalidade e gosto, você dedica mais ou menos importância à escolha do seu veículo. Para alguns, o carro é um verdadeiro indicador de posição social. Ele precisa revelar o *status* do seu proprietário pela marca e potência do motor. Lembra o poder, o desejo por reputação ou prestígio. Abraham Maslow, psicólogo americano (1908–1970), partia do princípio de que o homem possui uma tendência inata para se realizar plenamente. Estudando a vida de personagens célebres, ele definiu as necessidades do homem sob a forma de uma pirâmide, segundo a qual é preciso satisfazer a uma necessidade para que surja outra.

As nossas primeiras necessidades são as fisiológicas. Gandhi dizia que "não se pode falar a um homem que tem fome se não em termos de pão".

Depois de satisfeitas as nossas necessidades básicas: alimento, abrigo e roupas, nós procuramos consolidá-las. É assim que surgem as necessidades de segurança, estabilidade e proteção. Você sente necessidade de amar e de ser amado por seus pais, seu círculo familiar e seus amigos. Procura o amor cúmplice de um parceiro. Tem igualmente a necessidade de pertencer a um grupo de pessoas com quem possa compartilhar valores ou paixões comuns: equipe esportiva, grupo cultural, comunidade religiosa, grupo político, associação, clube, etc. Você aspira à integração social e à aprovação das outras pessoas. De acordo com a sua auto-estima, você dá mais ou menos importância à opinião dos outros.

Depois das necessidades fisiológicas, de amor e de vinculação, Maslow define uma quarta necessidade que tem a ver com o carro: a necessidade de reconhecimento. Ao comprar casa, roupas e carro, você exprime o seu desejo de poder, independência e competência. Em resumo, quer expressar o seu potencial: "Aquilo que um homem pode ser, ele deve ser". Você tem o desejo de auto-realização, acompanhado da forte expectativa de cumprir esse desejo e da vontade de ser o senhor do próprio destino.

Quando uma necessidade não é satisfeita, você fica preso a uma obsessão, consciente ou não. Os seus pesadelos falam desse desejo de possuir, ser bem-sucedido, amado e reconhecido. Eles traduzem as frustrações existentes que acompanham a sua insatisfação. Por trás de um pesadelo se esconde uma necessidade insatisfeita.

Sonhar que o seu carro não quer pegar significa que você está atualmente numa situação de estagnação. Essa imobilidade o faz sofrer. O que é que o mantém assim, na beira da estrada, sem poder seguir adiante? Uma decepção amorosa? Uma promoção recusada? O medo de responsabilidades? Doença? Solidão? Baixa auto-estima? Uma exclusão social sob a forma de desemprego, de um fracasso político, da falência da sua empresa, de um grupo que não deseja que você faça parte dele como membro?

A pane no motor impede o seu carro de rodar e o força à inação. Você procura a causa. Você experimenta emoções negativas que impedem o seu progresso? Acredita sempre na legitimidade dos seus desejos ou você recuou depois de ter sofrido uma recusa, um fracasso? A satisfação das necessidades não é imediata. Você as concebeu desde a mais tenra idade. Quando era bebê, era suficiente chorar quando tinha fome ou sede ou quando queria simplesmente descansar nos braços da mamãe. Você compreendeu assim que, para obter a satisfação de uma necessidade, era preciso manifestar sua frustração. A realidade nem sempre rima com o prazer; há momentos de intensa felicidade e períodos de preocupações ou dificuldades. A vida é assim.

Você está apenas cansado? Deve aceitar o repouso, porque o medicamento miraculoso que o poria de pé e disposto em uma hora não existe! Não se extrai nada de positivo do esgotamento físico ou moral. A pressão produz energia apenas por um curto período. Você a extrai de suas reservas e, pouco a pouco, torna-se menos reativo. O seu estilo de vida o esgota, você deve tomar conhecimento da pane do seu sonho.

Você está atualmente numa fase de incertezas que gera uma parada em seus projetos? O caminho parecia traçado e, de repente, não lhe parece mais tão certo. Outras informações chegaram até você além daquelas que colheu durante a primeira elaboração? Esse projeto corresponde a seus valores, à sua maneira de ser, àquilo que você deseja realmente?

No tarô, o Arcano 7 do Carro não tem rédeas nem chicote; o rosto dele é calmo e ele parece refletir. Não parece extrair sua segurança da sua forma de conduzir, mas da serenidade que nele reside. Ele tem confiança em si, em seu destino. A sua vitória é o seu triunfo sobre a dúvida, sobre a angústia de ser. Se você se sente excluído, rejeitado ou apenas atrasado em seus projetos, não tamborile os dedos de impaciência. Aceite a pane atual, porque ela é passageira. Ela não o põe em xeque. É no autodomínio contra a adversidade que está o seu verdadeiro valor. Não perca a fé no futuro, não duvide de suas qualidades pelo simples fato de que a vida não lhe oferece imediatamente o que você espera dela.

A encruzilhada representa o encontro com o destino. É quando está à procura do seu caminho que você é mais confrontado com os diversos aspectos de si mesmo e com o medo do desconhecido. Os romanos prestavam homenagem aos deuses protetores das encruzilhadas a fim de se proteger contra um destino nefasto. O deus doméstico era importante para os cidadãos, porque ele protegia o pedaço de terra de onde eles tiravam a subsistência. Os gregos cultuavam Hécate, "que pode dar para retomar em seguida", e veneravam sua estátua de três cabeças nos cruzamentos das estradas. As religiões escolheram a encruzilhada para erguer seus altares, depositar suas oferendas aos deuses e aos gênios e para sacrificar animais. Os cristãos puseram ali cruzes, imagens e calvários. O destino é o trajeto que conduz a vida em direção à morte. Você acredita que o destino depende de uma divindade cega ou de você mesmo?

Estou num cruzamento e não sei mais que direção tomar para comparecer a um encontro importante...

Conduzir um carro significa que você domina a sua vida, sabe para onde vai. O carro o põe em movimento, você é o motor de seus atos. Tem a situação segura em suas mãos, assim como o volante. Você se dá conta da sua autonomia e firma a sua personalidade. Toma consciência da sua própria individualidade e percepção de mundo.

Entretanto, você fica parado em um cruzamento, sem saber a direção certa, enquanto é esperado na outra extremidade do caminho. Você está diante de uma reviravolta em sua vida? Deve tomar uma decisão que vai gerar mudanças importantes? Se quando acordado está contente com uma proposta que fez ou com uma decisão que tomou, do que é que se lamenta no silêncio da noite? Esse cruzamento exige que você tome uma decisão sob pressão? Você hesita antes de escolher a estrada. Este pesadelo reflete a incerteza e o conflito interno. Você pode escolher entre diversos caminhos. Por qual deles optar?

Aproveite essa parada para examinar as vantagens e os inconvenientes dos acontecimentos ou dos projetos com os quais se vê confrontado. É importante analisar calmamente as ocasiões que se apresentam porque, em geral, elas não surgem duas vezes. Qualquer que seja a sua decisão, deve estar inscrita entre os seus objetivos fundamentais, ou seja, dentro da orientação que você deseja dar à sua vida. Você acredita em suas possibilidades e sabe que, uma vez tomada a decisão, pode serenamente empreender o seu caminho. Não tenha medo de perder uma oportunidade por causa do imobilismo atual. É ele, ao contrário, que lhe dá o tempo necessário para a análise. As boas decisões não se prendem à precipitação, elas pedem reflexão. Essa pausa é exigida pelo cruzamento.

Procedendo assim você consegue fazer face à mudança, porque tudo em sua vida é dinâmico, nada permanece estático. Os acontecimentos familiares, médicos, profissionais, econômicos, sociais e técnicos vêm constantemente modificar suas condições de vida. A sua resistência à mudança pode ser a causa do seu sofrimento. A sua participação na mudança está acompanhada de interrogações legítimas; é, portanto, normal e desejável parar no cruzamento para se comprometer com conhecimento de causa. Você sente que tem seguido a corrente da vida, que tem se deixado levar sem se questionar? É muito mais tentador seguir o fluxo coletivo do que manifestar uma ética pessoal.

A encruzilhada da idade — particularmente a dos quarenta — é o momento em que você faz um balanço do modo como conduziu a sua vida: família, trabalho, amigos, patrimônio, etc. "O nível das minhas realizações corresponde às minhas esperanças? Dei uma boa educação aos meus filhos? Como é minha vida conjugal? E minhas amizades? Como melhorar a minha sorte?" Depois de ter enumerado as facetas materiais e afetivas da sua existência, uma espécie de expectativa se faz sentir: a impressão de que você não vai se encontrar realmente se não abordar o fundamento existencial. "Qual é o meu objetivo na vida?" Nesse momento, você está se comprometendo com a descoberta de si mesmo. Você está no cruzamento dos caminhos, deixa a ilusão do ego para seguir em direção ao seu Eu essencial.

Você se abre às quatro dimensões da sua personalidade: física, psíquica, emocional e espiritual. Essa passagem não pode se dar sem a busca da espiritualidade. Você ultrapassa a abordagem egoísta para se inclinar em direção à harmonia universal. A sua vida tem subitamente um sentido. Novas idéias e orientações vêm naturalmente para você. Você extrai a melhor parte de si mesmo para levar uma vida rica de encontros. Para entrar em contato com a sua verdadeira personalidade, é preciso saber parar, diminuir o ritmo de vida desenfreado que você se impôs. O louco do volante se embriaga com a velocidade para compensar a ansiedade existencial. Aquele que se dá um tempo, que sabe frear e parar, tem a chance de viver em simbiose com a sua verdadeira natureza.

Refletir a partir desse pesadelo é pensar na precariedade da existência e fazer um uso melhor do seu tempo. Você não vive melhor a sua vida rodando a toda velocidade. Em compensação, vai apreciá-la muito mais, orientando-a na direção para onde deseja ir. Vai aproveitar os acontecimentos que pedem transformações para redefinir os seus eixos prioritários e os seus princípios. Você se liberta da resistência natural à mudança que aumenta a sua ansiedade. O autor Stephen R. Covey escreveu: "Aqueles que baseiam sua existência em princípios, encaram sua vida como uma missão e não como uma carreira".

Você luta contra o apego ao passado, o que o envolve num pensamento nostálgico. O tempo passado não existe mais, o futuro ainda não chegou, saiba saborear o instante presente. O seu encontro importante é aquele que você tem hoje consigo mesmo.

> *Estou sentado no lugar do passageiro, o motorista dirige a 200 km/h. Tenho medo. Nós disparamos pela estrada da montanha, encadeando uma curva na outra, a toda velocidade. Não existe uma barreira de proteção; vamos cair no precipício...*

O fato de você não estar dirigindo indica sua passividade. Você deixou o volante com outra pessoa qualquer. É assim que age em relação à sua própria vida? Em seu pesadelo, você entregou sua vida nas mãos de alguém que se lança à frente, que tem poder, que sobe em seu lugar, que enfrenta a montanha sem se preocupar com o perigo.

Quem é essa pessoa? Se o motorista lembra uma pessoa que você conhece, o que representa ela aos seus olhos? Uma pessoa autoritária, manipuladora, poderosa ou orgulhosa? Qual é o papel dela em relação a você? Por que você aceita que ela tome o seu lugar? Deixa de agir porque não tem confiança suficiente em si mesmo. Os desejos e necessidades do motorista tomam o lugar dos seus. Você se torna uma vítima em potencial.

Você não pode deixar para os outros — ou para o acaso — a escolha da sua vida, porque se torna dependente da opinião e do julgamento deles. Precisa ser o senhor do seu destino, tomar em suas mãos a sua vida e pensar por si mesmo. É preciso saber pegar o volante, escolher e assumir suas decisões. Paciência, se você se enganar! Se o fantasma do fracasso o assusta e o deixa sem ação, você deve reagir. Melhor cometer um erro do que não fazer nada ou deixar que os outros ajam em seu lugar! É normal cometer erros; ao admitir suas falhas, você permite que os outros façam o mesmo. A experiência, seja ela feliz ou infeliz, reforça o indivíduo! Os seus desejos e as suas necessidades são tão importantes quanto os dos outros. Você merece vê-los satisfeitos. A confiança mútua e partilhada existe. Você é capaz de emitir opiniões, idéias e de entender as das pessoas que o cercam. Os acordos relacionais, em que todos saem ganhando, permitem a evolução de cada um. Você se autoriza a ter direitos e a reconhecer os dos outros. Assume a responsabilidade pelos seus atos.

Esse motorista evoca uma faceta da sua personalidade ou trata-se de um traço particular de caráter que leva você a realizar certos atos? O orgulho leva o homem em direção a uma altura ilusória. Tome cuidado para não se isolar no alto da montanha, acreditando que é melhor do que os outros, mais atuante. Os outros não devem servir de trampolim para sua valorização. Se você manipula e é excelente na arte da adulação, então está no lugar do passageiro. Por trás de uma falsa segurança se encontra o medo de não ser amado. A suficiência se instala para não sofrer. Você não se abre para os outros, porque você acha que eles não vão lhe trazer nada. Na realidade, tem medo de enfrentá-los ou teme as suas críticas.

Se o motorista do carro tem a sua audácia, o seu domínio na condução acelerada e a sua vontade de chegar ao topo a uma velocidade insana, o seu desejo de ser bem-sucedido tem, entretanto, um acorde dissonante. Uma vozinha lhe assopra em sonhos que está indo depressa demais. A estrada não tem proteção nas curvas, portanto não corra riscos inúteis! Não arrisque a sua saúde. O ritmo desenfreado que você se impôs para ser bem-sucedido traz, em contrapartida, o cansaço, o stress. É importante saber diminuir a marcha para chegar mais longe.

O meu carro derrapa, não controlo mais nada, acontece o acidente...

Se você tem a sensação de perda de controle do veículo, procure aquele que, na sua vida, exige que você alcance o domínio absoluto. Você resiste à tentação de pensar que está exposto a um fracasso ou a um perigo para a sua saúde.

Passe em revista o que atualmente pode representar uma falha em seu equilíbrio. Existem múltiplas razões, e elas podem ser:

1. de ordem profissional: dificuldades para se integrar em uma nova equipe, para se adaptar a uma nova tecnologia, medo de ser demitido;
2. de ordem familiar: a adolescência difícil de um dos filhos, o desejo da dona de casa de ter um emprego, o controle das despesas devido a uma mudança importante (desemprego, empréstimo para a casa própria, curso superior para os filhos);
3. de ordem pessoal: descuido e aumento de peso, ingestão de remédios, álcool ou drogas;
4. de ordem afetiva: aventuras vazias, relacionamentos sem compromisso.

Você toma consciência de um elemento pontualmente desestabilizante em sua vida. Reflete sobre a maneira de controlar aquilo que percebeu durante a noite como uma ameaça a si mesmo. Você é a fonte da sua evolução graças às suas resoluções interiores.

Se você se sente ultrapassado em sua profissão, pode talvez decidir-se por uma formação. Se tem dificuldade em se integrar a uma equipe, deve refletir sobre a sua maneira de se comunicar com os outros. Se perde o controle da autoridade familiar em relação aos seus filhos adolescentes, procure uma outra forma de diálogo. Os jovens esperam sempre de você pontos de referência que sirvam de limite, mas eles devem se sentir amados e compreendidos. A vida conjugal também se baseia no amor e na confiança. O desejo de trabalhar de um dos parceiros não deve despertar no outro o fantasma da traição ou da preocupação.

O controle das despesas depende da administração do orçamento, mas é sem dúvida vital saber distinguir entre o essencial e o supérfluo.

As suas resoluções de emagrecer, de parar de tomar remédios ou drogas vão se realizar em função do amor que você sente por si mesmo. Se não tiver nenhuma auto-estima, vai ficar sob o jugo de suas pulsões e paixões. Vai parar o regime, vai se embriagar ou se drogar diante da frustração, de um comentário negativo ou da menor tentação. Vai passar do sentimento de culpa às promessas vãs que vão aumentar a sua dependência.

O medo experimentado ao acordar no momento do acidente convida-o a fazer qualquer coisa de bom por você. É o momento de dizer a si mesmo que isso vai valer a pena, que você merece. Assim, passa a se ver de forma diferente e começa a agir de outra maneira. Desenvolve uma nova relação consigo mesmo, baseada na auto-estima e no respeito próprio.

EMBARCAÇÃO

Estou a bordo de um barco que afunda...

A Bíblia conta como Noé e Moisés foram salvos das águas. O mito da arca de Noé traduz a vontade de Deus de salvar o homem apesar dos seus pecados, que o desviam do bem. Deus "se arrependeu de ter feito o homem mau". Somente Noé é digno de perdão diante de Deus. A grande embarcação permite proteger do dilúvio o homem e os animais, abrangendo toda a criação. O dilúvio purifica a terra. De suas águas tão elevadas que recobriram as montanhas nasceu uma nova humanidade. Todos os seres viventes que não estavam na arca morreram.

A Bíblia fala também do faraó que estava de tal modo inquieto com o aumento do número de israelitas no Egito que ordenou a morte de todos os meninos recém-nascidos, devendo eles ser atirados no rio Nilo. Entretanto, ele permitia que as meninas vivessem. Um dia, em meio aos bambus na beira do rio, a filha do faraó descobriu um bebê hebreu em uma cesta de junco. Tocada pelo seu choro, ela o tomou nos braços e decidiu conservá-lo consigo. Maria, a irmã do bebê, propôs à princesa arranjar-lhe uma ama-de-leite para o seu irmãozinho. A filha do faraó aceitou e Maria lhe ofereceu os serviços de sua mãe. A criança foi criada como um pretendente ao trono do Egito. Recebeu o nome de Moisés, que significa "salvo das águas".

Como a arca, a cesta de junco garantiu a segurança quando a vida foi ameaçada. Enquanto estiver no barco você não corre risco. Em contrapartida, você tem sempre medo de cair na água, de afundar. Essa crença é a sua pior inimiga. Ela se chama ansiedade. É responsável por sua falta de iniciativa e por suas apreensões. Você não vive o presente mesmo que ele seja agradável, porque você se projeta sempre num futuro que considera incerto.

Na realidade, você acaba tendo medo de ter medo. Ora, o medo vem das suas crenças e da sua visão do mundo. Será que é preciso sentir medo dos seus próprios pensamentos? Não, porque "não há mal que sempre dure". Esse ditado o faz recordar que, apesar das suas previsões pessimistas, as coisas podem correr bem. Muitas vezes, as suas crenças não têm fundamento. Elas surgem porque você deixa a sua ansiedade se manifestar.

Somente o medo ligado a alguma coisa real é amigo. Quando você se arrisca, o medo de cair e de se machucar o protege da sua própria temeridade. No momento de uma explosão, o barulho o assusta e você toma diversas medidas para se proteger e sobreviver (por exemplo, arranja um abrigo ou sai correndo). Esse medo é normal, porque há um perigo palpável; não é produto da sua imaginação.

O medo de afundar, de encalhar representa também a vontade de ser bem-sucedido. O medo está sempre associado a um desejo. Para dominar esse medo que o impede de ir adiante para realizá-lo, concentre a sua atenção em seu desejo. Se, por exemplo, você quer se casar porque ama profundamente uma pessoa, deve se esquecer do espectro do divórcio dos seus pais. A sua história não é a deles. Você não deseja nada além do que estar com a pessoa que ama, constituir uma família e viver bem. Essa imagem não tem, de modo algum, o mesmo impacto que aquela do divórcio de seus pais. No seu caso é o amor que segue no encalço do medo. Você não deve se deixar tomar por seus temores, porque eles criam obsessões e pensamentos equivocados.

O barco permite realizar uma travessia, empreender uma viagem, lançar-se a uma aventura. Você abandona uma margem para chegar a outra. É normal ter medo da travessia e recear o que está do outro lado. O desconhecido o inquieta. Você está na encruzilhada de duas etapas da sua vida? Terminou os estudos e está entrando no mercado de trabalho? Deixou um emprego para aceitar um outro? Vai mudar para uma outra cidade ou outro país?

Como se dá essa travessia? Ela é difícil e apresenta muitos perigos?

Você sonha com ventos fortes, mar agitado e tempestades? Você prefere uma vida calma e teme a mudança; ou a sua vida atualmente está em transformação. Atento a potenciais não explorados, você consegue descobrir aspectos da sua personalidade. Para evoluir, às vezes é preciso enfrentar tempestades. As ondas vêm por vezes abalar a pessoa que você pensa ser, varrendo convicções bem arraigadas.

Você precisa mudar os seus hábitos e, de repente, não se sente mais em segurança. Deixa-se invadir pelas emoções que sobrecarregam a sua vida e que lhe dão a impressão de obscurecê-la. Aprenda a lidar com elas, porque são a energia posta a serviço da adaptação.

O estudo desse pesadelo abre novos horizontes para a evolução interior, a percepção sutil, a intuição e o conhecimento mais aprofundado de si mesmo. A embarcação vai fazê-lo descobrir outras perspectivas repletas de espaços inexplorados aos quais você aspira! Atreva-se a fazer a travessia.

TREM E BAGAGENS

Sonho que estou sentado na primeira classe. O fiscal passa, verifica o meu bilhete. E o meu bilhete é para a segunda classe...

Os meios de transporte coletivo, como o trem, obedecem a regras precisas de funcionamento, a uma organização à qual é preciso aderir sob pena de ser posto para fora. A coletividade prevalece sobre o indivíduo.

A vida lembra uma viagem mais ou menos longa, que começa no nascimento e acaba em um momento indeterminado. O percurso é cheio de imprevistos (agradáveis e desagradáveis), de lugares a serem visitados, de períodos de estagnação por causa de doença ou de desemprego. Ao longo de todo esse périplo, você encontra pessoas de personalidades distintas. Pode igualmente mudar de emprego, de cônjuge ou de região. Vai experimentar todos os sabores da vida, ora doces, ora amargos.

Os sonhos com meios de transporte traduzem o desenrolar da sua vida. No fundo, talvez exista em você uma separação entre o que espera da vida e aquilo que obtém. Os meios de transporte evocam o seu desejo profundo de evolução.

Esse bilhete de primeira classe representa o desejo de ser bem-sucedido, de ascensão social. Instalado na primeira classe, você desfruta o prazer de um certo luxo. O fiscal vem estragar a sua alegria e a transforma rapidamente em um sentimento de vergonha. Você não está sentado no lugar certo com seu bilhete de segunda classe. Por quê? Trata-se de um erro? Nesse caso, você se sente furioso, porque acredita que merece o lugar em que está. Este pesadelo o faz entrever o seu orgulho no presente. Trata-se de uma trapaça ou da superestimação de suas qualidades? Em sua vida diurna, é legítimo querer que a sua vida seja bem-sucedida, mas você deve conduzir o seu projeto com honestidade.

Os passageiros de primeira classe desfrutam de um conforto maior do que os da classe econômica. Você tem objetivos que não foram ainda alcançados? Se já foi bem-sucedido em realizá-los, por que duvida do seu direito à primeira classe? Qual a visão que tem de si mesmo? Por acaso você é o fiscal que considera que você não merece estar no lugar em que se encontra atualmente? Qual é o valor que você se atribui? Caso se reconheça na figura do fiscal, precisa então aprender a calar o seu Eu crítico. Que atitude você toma diante de um fracasso? Ele é o resultado normal de sua incompetência ou uma conseqüência possível e não catastrófica de uma experiência?

Você não deve duvidar de sua competência e de suas qualidades. Deve ter confiança em si mesmo, acreditar em sua capacidade. A confiança abalada o transforma em fiscal e o relega à segunda classe. A visão negativa sobre suas possibilidades o priva da primeira classe. Você se desvaloriza. Esse fiscal quer fazê-lo acreditar que não está no lugar certo. Se está sentado na primeira classe, é porque acredita estar com o bilhete certo. O sentimento de vergonha e de mal-estar que você sentiu diante do fiscal confirma essa hipótese. Você fez a escolha certa ao se sentar na primeira classe, não se subestime. A sua intuição o fez escolher a classe certa; por sua vez, as suas dúvidas e críticas a seu respeito lhe atribuíram um papel de impostor. Mas você não é um charlatão. Merece a primeira classe como merece o seu emprego, o seu cônjuge, a sua última promoção e o seu sucesso.

Se o fiscal não representa o seu Eu crítico, quem é ele? Quem, na sua equipe, controla você, faz pouco do seu potencial e repele os seus desejos de realização? Você tem medo do julgamento alheio? Deve confiar mais em você mesmo. Não se deixe influenciar pela opinião ou julgamento dos outros. Se você visa à primeira classe, assuma a sua escolha e comprometa-se com a realização dos seus atos. Você é capaz de justificar a sua presença para o fiscal e de afirmar que tem direito ao prazer que esse lugar proporciona. É digno do respeito que ele lhe proporciona, merece estar instalado aí. Você não se coloca acima dos outros, porque não confunde auto-estima e orgulho. Tem confiança suficiente em si mesmo para não firmar a sua posição pisando nos outros.

Para realizar plenamente esse potencial, você deve se beneficiar de uma autonomia. É o momento ideal para explicar ao fiscal sobre o seu dia-a-dia. Nesse trem, você está a caminho da independência. Se é verdade que pode se enganar, mesmo assim deve fazer a experiência. Não há vergonha nenhuma em cometer erros. Se escolheu um transporte coletivo em lugar de um automóvel, é que deseja encontrar as pessoas, fazer trocas. A auto-estima é viajar em primeira classe; é aproveitar plenamente a qualidade que ela lhe oferece; é apreciar a qualidade da vida. Você não vai escapar das dificuldades da viagem, mas vai percebê-las de outro modo.

> *Perco o trem... O trem fica detido na estação... Chego tarde à estação... Eu me engano de plataforma e vejo o trem partir sem mim...*

Em oposição ao carro, o trem é um meio de transporte coletivo e, conseqüentemente, deve respeitar um horário preciso. É por isso que os pesadelos se articulam sempre em torno da noção de horário. Perder o trem tem como conseqüência não tomar parte da viagem, adiá-la para mais tarde ou ficar sozinho na plataforma enquanto os outros viajantes partem para o seu destino. O que é que você sente? Perdeu o trem da sua vida ou tem medo de se atrasar? É um sentimento de ansiedade ou a impressão de perder ocasiões? É a crença de que vai fracassar enquanto os outros são bem-sucedidos?

O seu sucesso depende inteiramente de você. Pode chegar na hora do encontro que a vida lhe dá. A felicidade não se destina só aos outros. É preciso aprender a se libertar do medo de que lhe faltem oportunidades. Você é capaz de encontrar o amor, a confiança, a paz e de empreender, como os outros, a maravilhosa viagem da vida.

Se você deseja evoluir, a estação simboliza uma nova partida. Não tenha medo de se comprometer se por acaso receber propostas. Na vida, há contratempos irritantes, atrasos inevitáveis, mas isso não significa que nada vai acontecer. Você ficou na plataforma uma vez, isso não significa que nunca mais vai tomar o trem. Se seguir a voz certa, confiando em sua intuição, vai enxergar as ocasiões que vão se apresentar, saberá aproveitá-las, vai até mesmo criá-las. Não vai passar o tempo a recear o pior. Vai realizar o seu desejo de ir mais longe.

Se o trem permanece parado na estação e quando você acorda tem a sensação de que a sua vida assemelha-se àquele trem, procure o que está estagnado no momento. Tem a impressão de que tudo se movimenta em torno de você e de estar excluído dessa aventura? O que sente?

Atualmente está irritado ou mortificado por estar bloqueado em algum projeto específico?

Se estiver desencorajado ou deprimido sem qualquer razão aparente, deve refletir sobre as suas expectativas. O que você gostaria de ver evoluir? Trata-se de acontecimentos exteriores? Esse bloqueio se deve à sua evolução interior, ao apego a certos princípios que lhe causam sofrimento quando os põe em dúvida? Quais? As suas expectativas são realistas? O trem não carrega em si um ideal muito elevado, impossível de ser atingido? Talvez seja preciso visualizar mais etapas antes de alcançar o seu objetivo.

> *Quero pegar o trem e tenho dificuldade para carregar a bagagem que é muito pesada. Os braços me doem, mas não posso abandonar minha bagagem...*

O que representa em sua vida essa bagagem tão pesada? O que você carrega que é tão importante? Esse peso o faz sofrer? Qual é o seu segredo? Já não está na hora de você se livrar desse fardo?

Se você dá início a uma nova virada em sua vida profissional ou familiar, isso exige mudanças. Quais são as suas resistências a essas mudanças? Você se apega a quê? Você é dependente de certos hábitos? Experimenta de vez em quando dificuldade em assumir determinados compromissos? Você sabe, no íntimo, que deveria abandonar aquilo que lhe pesa, mas falta-lhe coragem. A sua resistência atual exige esforços enormes. Para passar à ação, é preciso saber se projetar favoravelmente no futuro.

A bagagem pode representar os projetos que acompanham o seu desejo de evolução. O peso dela pode significar o aspecto financeiro elevado do seu projeto, o tempo insano ou as pressões administrativas. Talvez seja preciso pensar em uma divisão de trabalho por etapas ou associar-se com pessoas que tragam um aporte apreciável de capital ou possuam competências que possam ajudá-lo a ir até o fim sem cair no esgotamento ou se atormentar com dificuldades financeiras.

Se você decidiu se divorciar, a bagagem vai representar a sua culpa, o seu medo de eventualmente fazer os filhos sofrerem. Reserve um tempo para analisar honestamente a situação atual e as conseqüências decorrentes das transformações que você prevê. Não fuja do diálogo consigo mesmo. Faça um esforço para recolher todos os dados que deram origem às suas preocupações (sua bagagem) e faça a mesma pesquisa em relação aos seus desejos pessoais (o trem a ser tomado). Compare-os objetivamente e tome uma decisão a partir do seu próprio íntimo. Os seus desejos verdadeiros não mentem jamais.

Ao tomar decisões importantes, fazemos às vezes escolhas difíceis de assumir. Se estiver num período de reflexão essencial para o seu futuro, analise a parte do risco. Examine os seus limites de competência e de resistência e compare-os com a satisfação futura. Se o seu equilíbrio ficar ameaçado, recue da decisão. A bagagem é efetivamente pesada demais. Essa bagagem pesada o convida a tornar mais leve a sua vida, a limitar suas obrigações esmagadoras para se dedicar às tarefas essenciais. Robert Louis Stevenson, romancista escocês, escreveu: "Cada um de nós pode carregar seu fardo, por mais pesado que ele seja, até o cair da noite. Cada um pode se ocupar com sua tarefa, por mais difícil que ela seja, durante um dia. Temos condições de levar uma vida pacífica, serena, pura, plena de amor, até o sol se pôr. E, na realidade, viver isso não significa nada demais". Cabe a você decidir como vai se desenrolar o seu dia, rejeitar as obrigações inúteis que você mesmo se impôs, delegar algumas de suas tarefas. Reflita sobre o que o deixa feliz e sobre aquilo que realmente gosta de fazer. Tome consciência de tudo o que lhe faz bem e abandone de boa vontade o que o esgota inutilmente.

AVIÃO

Eu piloto um avião. De repente, perco o controle do aparelho e ele se espatifa...

O avião viaja no ar como um pássaro. Ele evoca o céu, a liberdade e o domínio de uma tecnologia de ponta. Para você, é o desejo de ir mais rápido, mais alto, em direção a outros valores? De que maneira você dirige a sua vida? Você tem atualmente ambições elevadas que são contrabalançadas pelo medo de cair do alto? Idéias muito distantes da realidade? Uma angústia existencial? Uma necessidade de espiritualidade?

O fato de pilotar um avião lembra o domínio da sua vida. Se você perder o controle, não terá mais o poder de dirigi-la. Qual é o seu estado de espírito nesse momento? Sente-se deixado para trás pelos acontecimentos? Você assume responsabilidades muito pesadas ou assegura apenas a educação dos seus filhos? Cuida de projetos que vão além da sua competência ou de seus meios financeiros? Atingiu um nível de saturação? Em quê? Sente o desejo de uma busca espiritual?

O que se encontra no céu representa o sagrado. Por meio do vôo, você rompe os laços que o prendem à terra. Explora um outro mundo e experimenta uma sensação de liberdade. Na história das religiões, o simbolismo da ascensão celeste é importante e exprime sempre o transcendental. Está à procura de um sentido para a sua vida?

Você aspira encontrar uma resposta para o sofrimento, a morte e o seu destino. O fato de não se demorar sobre o mistério da existência pode dissimular também o seu medo da morte. Você se sente muito impotente quando atinge os seus limites. Gostaria de ter uma segurança que lhe desse cobertura, na qualidade de piloto, contra todos os riscos que pudessem abater-se sobre você. Impossível. O sofrimento faz parte da vida, mas às vezes é mais fácil ignorá-lo.

O pesadelo prepara para um questionamento desse tipo, sem procurar desencorajá-lo. Ele o incita a fazer uma pausa em seu curso vertiginoso. A sua vida segue o ritmo desenfreado da sua profissão (dias de trabalho, dias de repouso), do calendário escolar (férias dos filhos), de suas tarefas diárias (fazer compras, cozinhar, passar, arrumar a casa) e de suas atividades lúdicas (esporte, encontro com amigos). Somente os aniversários, as comemorações anuais e religiosas lhe dão a consciência do tempo que está passando. Um dia, tocado por uma má notícia, de morte ou de doença, você toma consciência subitamente da fragilidade da natureza humana. Questiona o seu modo de vida e reflete sobre os seus valores espirituais. Quando quebra a rotina, você passa a procurar a finalidade da existência.

Se você substituir "qual é o sentido **da** vida?" por "qual é o sentido da **minha** vida?", a pergunta se torna mais acessível, assim como as respostas. Esta interrogação o empurra em direção a uma transformação mais duradoura, porque é fruto de um encaminhamento interior e não de um acidente de percurso. Em lugar de suportar a vida, você a leva divulgando os valores verdadeiros, aqueles que carregam a plenitude do ser. A vida não se assemelha mais a uma seqüência de batalhas a que é preciso se entregar ou que é preciso aceitar com resignação. Com freqüência você fica reduzido a uma existência agitada sem compreender o sentido da aventura. Ora, você pode dar um sentido à sua vida, conciliando as suas atividades diárias e os seus valores espirituais. Pode descobrir a verdade do seu ser não somente naquilo que realiza, mas também naquilo que deve fazer sob a influência de um impulso interior chamado alma.

Se você pilota o avião de determinada maneira, não vai ter nunca medo de se espatifar, porque tem em vista o aperfeiçoamento interior ao fazer sua contribuição para a evolução da humanidade. Você compreendeu que além de o medo não evitar o perigo, ele também o priva de meios. A sua existência não consiste em evitar os obstáculos para que possa organizar um pedacinho do paraíso na terra que nada consiga perturbar.

Edgar Cayce, um célebre médium americano, observa que não se deve procurar Deus fora de si mesmo, mas em seu interior: "Saiba que, em seu foro íntimo, você é uma entidade individual, que contém dentro de si um universo com potencialmente todos os poderes e faculdades da Divindade".

Você age conforme a sua essência, tem confiança naquilo que há de mais divino em você mesmo. "Deus é sempre o mesmo; Deus no homem encontra a si mesmo no homem." (Goethe)

Assim se entreabre um imenso horizonte ilimitado. A sua vida não é um capital fechado acumulado por atividades isoladas; ela possui um valor superior que retira das profundezas da sua alma, na elevação interior. Você deve produzi-la em você. Como o avião se desprende do solo, nós praticamos o desprendimento interior, porque aquele que possui Deus possui tudo. Você não sonha mais que vai se espatifar no solo, porque se livrou do peso do materialismo. No Evangelho de Tiago, Jesus diz: "A vida é mais do que a comida, e o corpo é mais do que a roupa".

TEMA II
Violência

ATAQUE E FUGA

Enfrento um inimigo. Segue-se uma luta de faca. O meu agressor enfia sua arma na minha barriga e eu revido. Sinto o meu punhal penetrar lentamente a carne do meu rival...

Estou sendo perseguido por um inimigo, fujo o mais rápido que posso...

A faca fura, corta e mata. Ela é freqüentemente associada ao princípio ativo que modifica a matéria de natureza passiva. A faca é também o símbolo do sacrifício: sobre o monte Moriá, Abraão levanta a faca para imolar o seu filho Isaque. Um anjo detém o seu braço enquanto ressoa a voz de Deus para recusar esse gesto de oferenda. A faca é também o instrumento da vingança.

No primeiro pesadelo, o sonhador se vê diante do seu agressor, no segundo, ele foge. Na vida cotidiana, reflita sobre o que o agride. Pode se sentir atingido por palavras, uma situação, como a de um rompimento amoroso, a infidelidade do cônjuge ou uma perseguição moral. Para se defender, você se desprende da situação a fim de não demonstrar ao seu carrasco a dor sofrida ou evita simplesmente enfrentar o problema. Como funcionam os seus mecanismos de defesa? De maneira totalmente inconsciente, isto é, sem que você se dê conta.

Por que você se utiliza de mecanismos de defesa? Os mecanismos de defesa servem para protegê-lo do sofrimento. Quanto mais frágil você for, maior a sua tendência de fazer uso deles. Eles o ajudam a se afastar das situações difíceis, mas o impedem de aceitar a realidade e expressar seus sentimentos ou pensamentos dolorosos. De tanto agir de forma a evitar que você se sinta mal, esses mecanismos o fazem mergulhar em uma visão fictícia da vida. Vão fazê-lo acreditar que é preferível vencer ou ignorar a dor mais do que aceitá-la. Se você consegue enganar os outros por meio de uma armadura possante que se assemelha à indiferença, não consegue mentir para si mesmo. No silêncio da noite, o seu inconsciente o obriga a enfrentar o seu sofrimento, a lutar.

O que é que o está ameaçando atualmente? Você se sente perseguido? Sente-se humilhado, enfrenta uma situação aflitiva? Vive na dependência de alguém ou de alguma coisa? Tem a impressão de se tornar insensível, de tomar distância de algumas pessoas?

O pesadelo fala da sua reação, da sua luta. Ele o convida a reagir, a se inclinar sobre aquilo que o faz sofrer e a lutar. Você não deve construir a sua vida sobre uma aparência falsa. É preciso agir energicamente e parar de fugir de uma situação problemática. Evitar e ignorar não resolve nada. Não há sofrimento sem causa. É preciso pôr para fora aquilo que está na origem da sua dor. Não deve ocultá-lo, porque assim você vai encontrar um novo equilíbrio, um retorno ao bem-estar. Uma situação ou uma pessoa o incomoda? É preciso arranjar tempo para analisar o problema e encontrar as soluções. Quando você reage no sonho e, por sua vez, enfia a faca na barriga do malfeitor, uma parte sua está se impondo. Não é mais questão de fuga, de covardia. Não se impor demonstra que acredita não ser digno dos outros. Permanecendo submisso, você acredita que vai obrigar os outros a amá-lo. Está enganado. Os que estão à sua volta acabam por não enxergar mais o ser gentil e maleável em quem você se transforma para agradá-los. O resultado é muitas vezes o inverso do esperado: você se torna transparente e os outros não vão hesitar em deixá-lo para trás. O seu modo de atrair o amor e a amizade não é saudável. Você deve ser amado por aquilo que é e não porque é manipulável.

O pavor sentido durante a noite o faz temer a agressividade alheia no seu dia-a-dia? Desconfiar dos outros pode fazê-lo adotar uma postura distante ou agressiva diante dos seus interlocutores. Você é autoritário? Rígido? Irônico? A sua autoridade é uma carapaça que encobre a sua desconfiança em relação aos outros.

Não tenha medo de ser contaminado pelas mensagens negativas alheias, receba-as como informações sem lhes dar uma importância maior. Ninguém gosta de ser alvo de críticas. Pelo contrário, quando elas se referem a você, é interessante analisá-las. Podem ser justificadas e permitir que você se aprimore. Pode ser que não tenham nenhum fundamento, mas têm o mérito de levá-lo a se comunicar melhor.

ASSASSINATO

Eu mato minha mãe ou aquilo que a simboliza: a corça, a rainha... Eu mato meu pai ou aquilo que o simboliza: o leão, o cervo, o rei...

Desde a mais tenra infância, você alimenta sentimentos ambivalentes com relação aos seus pais: desejo, amor, rancor e ciúme. A presença do pai e da mãe é freqüente nos sonhos; ela evoca o desenvolvimento da personalidade ao longo da infância. Cada história é diferente: pai ausente; pai autoritário, incestuoso e, no entanto, muito brilhante; mãe muito protetora e ansiosa ou, ao contrário, inteiramente envolvida com sua carreira profissional.

Segundo Freud, durante a fase fálica (entre 2 e 5 anos), o menino se apaixona pela mãe e considera o pai como um rival, de quem deseja a morte. Em certos momentos, os desejos se invertem. Freud dá o nome de complexo de Édipo a essa fase do desenvolvimento psicossexual. Édipo é um herói da mitologia grega, condenado pelo oráculo de Delfos que havia feito a previsão de que ele mataria o pai e se casaria com a mãe. Assim, na hora em que nasceu, a sua mãe furou seus pés para ligar um ao outro e o abandonou na montanha. Ele foi salvo por um pastor e acolhido pelo rei e pela rainha de Corinto, Políbio e Mérope. Eles lhe deram o nome de Édipo, que significa "pés inchados". Quando um estrangeiro lhe contou que Políbio e Mérope não são seus pais, ele consultou o oráculo que lhe predisse a mesma coisa. Persuadido de que o estrangeiro havia mentido, Édipo deixou aqueles que considerava como pais para que a previsão não se cumprisse. Na estrada, ele matou um homem chamado Laio, que o havia ofendido: era o seu pai. Depois, ele respondeu corretamente à Esfinge que devorava os passantes que se mostravam incapazes de dar uma resposta ao seu enigma:

— Qual é o animal que anda com quatro patas de manhã, duas patas ao meio-dia e três patas à noite?

O homem — respondeu Édipo.

Humilhada, a Esfinge se matou. Édipo atraiu os favores da cidade de Tebas, já que havia livrado seus cidadãos da terrível Esfinge. Em sinal de reconhecimento, os tebanos o fizeram rei e lhe deram como esposa uma rainha, uma viúva de nome Jocasta: era a sua mãe. Quando descobriu a verdade, Édipo deixou Tebas.

O conflito edipiano se resolve quando a criança se identifica com o progenitor do mesmo sexo e, por isso mesmo, integra os papéis e comportamentos próprios ao seu sexo. "Todo ser humano se vê diante da tarefa de dominar o complexo de Édipo", porque ele está na base da estrutura psicológica sobre a qual se organizam os desejos e os limites. A Esfinge é o seu guardião interior que regula os seus impulsos enquanto você não atingir o limiar do vir a ser. Esse processo é essencial para a estruturação da personalidade. A maturidade permite amar uma pessoa por si mesma e não por aquilo que ela representa (o pai ou a mãe, no seu inconsciente), adquirir uma autonomia e ter acesso a uma consciência moral. Com a resolução do conflito edipiano, a criança vai apreender aquilo que é permitido e não aquilo que não o é. Os seus desejos deverão se harmonizar com a realidade. O complexo de Édipo não se limita apenas à interdição do incesto. Ele vai mais longe ao permitir integrar a renúncia ao desejo proibido. Você fica apto a entrar em conformidade com as regras como também com as noções do bem e do mal, do permitido e do proibido. Além disso, você só pode se realizar no mundo exterior (a entrada na cidade) ao se casar com toda a criação (a mãe).

Você detém as rédeas da sua vida? É realmente autônomo? Precisa ainda da opinião dos seus pais para tomar decisões comuns? Deixa-se influenciar por suas críticas? As suas escolhas são de sua responsabilidade; você já é capaz de assumir as conseqüências. Não há boas ou más soluções; cada solução apresenta vantagens e inconvenientes. Cabe a você analisar e decidir o que é melhor para você.

Pense agora no que representa a imagem da mãe. Ela evoca o calor, a ternura, o amor, ou ela é aquela que o impede de crescer, que o sufoca, o devora? A sua relação com a sua mãe dá significado para este símbolo. Se ela o sufoca, o seu pesadelo traduz o desejo de autonomia. Se ela representa o amor, não é este o sentimento que você quer que desapareça, talvez seja a contrapartida exigida, como permanecer perto dela um tempo considerável. Se você for mulher, matar a mãe significa se realizar plenamente em outro papel que não o de mãe. Talvez você lamente o fato de ser uma dona de casa, visto que aspira a uma carreira profissional.

Da mesma forma, reflita sobre a imagem do seu pai. É ele o guia, o chefe, o êxito social ou a autoridade, a justiça, a disciplina? Matar o pai reflete a rejeição à autoridade e à disciplina. Pode ser que você se imponha uma grande disciplina interior, regras e críticas severas. Uma parte sua se revolta e pede um pouco mais de flexibilidade, de fantasia e de criatividade. Se você experimenta dificuldades de ordem hierárquica em seu trabalho, sem dúvida deseja que elas desapareçam. Matar é eliminar. Cabe a você descobrir do que deseja se desembaraçar.

FERIMENTO

Estou ferido...

O ferimento evoca a dor causada pelos acontecimentos, pessoas, projetos abortados ou aspirações contrariadas. Por quem ou pelo quê você foi ferido? Quais são suas expectativas que não se realizaram? Por quê? Você acaba de sair de um relacionamento? Que parte do corpo é atingida? Se você é atingido bem no coração, são os seus sentimentos que exprimem a sua dor. Se se tratar do abdômen, sede dos desejos sexuais e da gravidez, você vai procurar a origem do seu ferimento na insatisfação da sua sexualidade e, no que se refere às mulheres, no desejo de ter um filho. A ferida no rosto representa o sofrimento da sua alma. O pescoço e a garganta mutilados significam a sua dificuldade para se exprimir. As suas mãos são a expressão da sua atividade, do seu jeito de dar e de receber. Feridas, elas não podem mais agir, isto quer dizer que você se sente impotente e incapaz de tomar uma decisão. Os ombros representam as responsabilidades; os joelhos, a ligação com a terra e com a fé.

Você toma consciência do ferimento a ser curado. Desarma os mecanismos de defesa que o fizeram acreditar que tudo estava bem. Você se confessa triste e contrariado. Não há nenhuma vergonha em se sentir assim! É pelo autoconhecimento que você consegue entrar em contato com os seus desejos e estabelecer um plano de ação. Você aprende a lidar com o fracasso tirando proveito da experiência adquirida. Não deve renunciar ao que era importante sob o pretexto de que o desejo não foi imediatamente satisfeito. É preciso paciência e confiança para alcançar o sucesso. É conveniente arranjar um tempo extra para rever a sua estratégia e planejar as etapas. Concilie suas atitudes e ambições profundas e dê a si mesmo os meios necessários. Escolha objetivos adequados e elimine as idéias negativas substituindo-as por ações concretas, por mínimas que sejam. Quanto mais você viver os pequenos sucessos, mais vai reencontrar a segurança perdida. O fracasso é sempre apagado pelo sucesso.

Se está machucado pela atitude de uma pessoa em relação a você, essa decepção não deve pôr em xeque o conjunto das suas relações. Deve evitar a desconfiança que vai afastá-lo definitivamente do amor e da compaixão. Foi a relação entre duas pessoas que fracassou; não foi simplesmente por sua causa ou da outra pessoa. Não desperdice tempo lamentando a sua sorte e acreditando que ninguém o ama. Você tem em si uma reserva de amor inesgotável! Não deixe fugir as ocasiões de encontrar outras pessoas! Não acredite que, porque não sustentou uma relação, você é incapaz de amar. Aprenda a perdoar. Você vai curar seus ferimentos ao se libertar, o que vai lhe permitir não ficar mais voltado para si mesmo. Você tem ainda tanta coisa a dar aos outros e a receber deles! Não se prive da alegria de ter muitos amigos, de se encontrar com o parceiro que está revendo depois de muito tempo. Volte-se serenamente para o futuro carregado de esperança. Aprenda a se separar do que não tem mais esperança de obter. O simples apego àquilo que já não existe alimenta ainda o seu sofrimento.

VÍTIMA DE ASSASSINATO

O fato de ser assassinado está estreitamente ligado ao desejo de viver. Você deve refletir sobre o que deixou morrer dentro de si. Está exprimindo os desejos ou as necessidades que abandonou. Você nutria certos sonhos, por que os deixou morrer? O seu desânimo é a causa da sua renúncia? Talvez você tenha acreditado que não estava à altura e preferiu enterrar definitivamente os seus projetos antes de sofrer uma decepção. Pode ser também que atribua a causa dos seus fracassos a seus pais, à escola ou à sociedade. Pode ser que realmente as circunstâncias lhe tenham sido desfavoráveis, mas são os seus pensamentos negativos que prejudicam mais o seu desenvolvimento.

O pesadelo o convida a reconsiderar os seus desejos, a tomar consciência do problema e a modificar o seu diálogo interior. Você não tem mais o direito de se tratar como se não servisse para nada, como se fosse incapaz ou azarado. Aprenda a ser benevolente consigo mesmo. Uma parte sua não esqueceu suas aspirações. Se hoje você se ressente da necessidade de realizá-las, agora vai ser bem-sucedido. Chegou o momento de expressar o seu potencial. Se viveu até agora se criticando, você se impediu de ir adiante. É hora de dizer a si mesmo que agora você é merecedor de confiança, que tem algo de bom. Certamente, se você for tímido, não irá, num passe de mágica, tornar-se um campeão no campo da comunicação. Em compensação, vai encorajar os próprios esforços. Quando sentir que resiste a uma outra pessoa, não vai cair no pensamento fácil de que: "De toda maneira, essa nova amizade não iria funcionar". Não é possível, de um lado, conhecer o futuro de uma relação não entabulada e nem, por outro, ler os pensamentos alheios. Aprenda a acreditar em si mesmo, a achar que é digno de ter aquilo que a vida lhe oferece. Nunca é tarde demais para ser feliz!

TEMA III
Perda de cabelos e de dentes

CABELOS

Sonho que perco todo o meu cabelo...

Sansão é um herói bíblico cujo nascimento foi anunciado pelo anjo de Deus a seus pais para salvar os israelitas dos filisteus. O anjo informou aos pais que o filho nunca deveria cortar os cabelos, porque a sua força residia neles. Adulto, Sansão desperta a admiração de todos os habitantes por sua extraordinária força física. Ele fica célebre depois da sua luta contra um leão usando apenas as mãos nuas. Ele puxa as patas do animal até que elas se dilaceram. Mais tarde, furioso ao lhe negarem acesso a Gaza, ele arranca as portas da cidade e as leva nas costas até o alto de uma montanha.

Esse herói deve seus infortúnios ao amor. Ele se apaixona pela filha de um filisteu. No dia do casamento, os filisteus caçoam dele, tanto e de tal modo que, para se vingar, ele leva tudo a ferro e fogo e repudia a esposa. O amor invade de novo o seu coração graças a Dalila. Essa mulher o seduz por sua beleza deslumbrante e ele a toma como esposa. Entretanto, Dalila tinha um defeito: gostava de dinheiro. Os filisteus lhe prometem uma boa soma se ela descobrir o segredo do marido. À força de muitas perguntas e lágrimas, ela consegue extrair algumas confidências de Sansão. Durante a noite, ela deixa entrar um homem que corta a cabeleira do seu marido. Quando Sansão acorda, ele percebe que foi feito prisioneiro por seus inimigos declarados. Os filisteus o prendem com correntes e furam os seus olhos. Ele é obrigado a fazer o trabalho de um burro, movendo a roda de um moinho. Um ano mais tarde, os filisteus arrastam Sansão até o seu templo para agradecer aos deuses pela vitória que tinham alcançado. Ninguém percebeu que, durante esse tempo, os cabelos de Sansão haviam crescido. Quando o templo fica repleto, Sansão, que tinha recuperado a sua força, empurra as colunas do templo, que desmorona. Ele morre sob os escombros. Sua história prova que é preciso estar sempre próximo de Deus. Saiba, diz a Bíblia, que você é invencível desde que permaneça na fé.

Os cabelos simbolizam, no inconsciente coletivo, o poder e a potência. Sua perda enfraquece. Se em sonho você perde os cabelos, já observou, na vida cotidiana, alguma perda de energia física, sexual ou moral? Você tem a sensação desagradável de impotência? A vontade de não fazer nada? A impressão de estar quebrado, esvaziado ou no fim da linha? Você se impôs uma disciplina rígida que o privou do prazer de viver? Ou estabeleceu objetivos muito ambiciosos que exigem esforços sobre-humanos?

Você deve se dar conta do seu cansaço físico ou moral, já que ele indica um certo esgotamento ou stress. O stress é uma reação de defesa do organismo diante de uma situação de tensão. A origem dessa palavra deve ser buscada na física. O stress significa a pressão exercida sobre um material. Em uma situação normal, o material resiste a pressões moderadas. Se as pressões forem muito fortes, há o risco de deformação ou ruptura.

A vida diária submete as pessoas a diferentes pressões, e é o fato de o indivíduo se adaptar ou não ao meio que dá lugar ao stress. A palavra stress é usada na linguagem comum para definir as causas exógenas do stress: o agressor (por exemplo, as condições de trabalho), ou para referir-se à reação diante da causa que o originou: a doença (hipertensão). É preciso saber que, se o stress é usado para descrever uma situação difícil, trata-se igualmente de um excelente estimulante. Permite ao indivíduo se superar em novos aprendizados ou em seu desempenho de uma maneira geral.

Em 1935, o biólogo americano Walter Cannon foi o primeiro a definir o papel da glândula supra-renal, responsável pela liberação de adrenalina, permitindo manter um estado de equilíbrio no organismo diante de modificações externas. Foi um canadense de origem húngara, Hans Selye, que provou não ser o agente agressor que provoca a doença, mas sim a reação do organismo a esse agente. Os problemas de adaptação provêm, segundo essa tese, de uma reação desproporcional, seja ela muito forte, seja muito fraca.

O stress é uma resposta do organismo a uma agressão física ou moral que lhe permite combater a situação e restabelecer o equilíbrio inicial. É, pois, uma reação de adaptação. Quando você é submetido a fatores de stress, o seu cérebro envia um sinal de alarme que libera as catecolaminas (adrenalina e noradrenalina) destinadas a dar o máximo de energia ao cérebro e aos músculos. Depois os hormônios (corticóides) entram em ação para ajudá-lo a resistir por mais tempo. A reação biológica é a mesma, sendo você ameaçado por uma arma ou agredido verbalmente por um problema no trânsito. Assim, você fica estressado toda vez que não consegue dominar uma situação que acha difícil e que gera sentimentos de impotência e de desconforto.

Se o stress era, no passado, essencialmente físico (o homem pré-histórico tinha de lutar por sua sobrevivência), acabou por se tornar psico-emocional. O stress não é, portanto, uma doença, porque ele permite a adaptação ao meio, mas se você permanecer numa situação de stress de modo permanente, o seu organismo acabará por se esgotar. A sua tensão pode se exprimir pelo cansaço, pela superexcitação e pela dificuldade para se concentrar, dormir ou comer. Você vê o seu dia-a-dia de modo diferente. Tudo o que faz parece forçado; você age porque se sente obrigado e não por prazer. Fica tenso e o seu relacionamento com os outros se ressente. Não tem mais vontade de visitar os amigos, sente-se incompreendido e a menor observação negativa o torna agressivo. Não consegue mais relaxar, perde a alegria de viver e seu estado de saúde é afetado. Falta-lhe o entusiasmo pelas coisas que antes o apaixonavam (por exemplo, pequenas tarefas de marcenaria ou algum esporte). A tensão o transforma. Você perde a confiança em si mesmo; fica mais impaciente; sente dificuldade em fazer projetos para o futuro, em tomar decisões; passa a consumir mais café e bebidas alcoólicas; muda os seus hábitos alimentares; toma vitaminas durante o dia e soníferos à noite.

Procure descobrir o que pode realmente provocar stress em você: no trabalho (sobrecarga de trabalho, falta de interesse pelo seu cargo, relações hierárquicas tensas, dificuldades econômicas da empresa); em casa (dificuldades com o cônjuge, relações difíceis com um adolescente, a chegada de uma criança ou os seus primeiros meses de vida); na vida social (mobilidade geográfica acompanhada do sentimento de estar isolado, desemprego, demissão, aposentadoria, problemas financeiros); na vida pessoal (complexos, rupturas amorosas, luto, doença, processo, preocupação com o futuro). Todos esses fatores de stress são negativos, mas você também pode estar igualmente estressado por acontecimentos positivos: casamento, promoção, vitória esportiva ou política, etc.

Pode ser que na ocasião você esteja cansado em razão de uma sobrecarga de trabalho, uma alteração em alguma situação que envolva atividades exaustivas (por exemplo, um exame ou uma mudança de residência). Se você se sente feliz apesar do cansaço, não é o stress que está colocando a sua vida em desequilíbrio. Se a sua avaliação pessoal lhe mostra que está estressado, você deve levar essa informação muito a sério. As conseqüências do stress podem ser graves, porque, se não for bem tratado, ele pode ter repercussões sobre a saúde mental e física. Na sua vida diária surgem sintomas de ansiedade que podem levar a distúrbios de comportamento e à depressão. Você reage diferentemente em função da sua constituição física, do seu caráter, da hereditariedade, de suas doenças anteriores, do seu modo de vida e do seu meio. Em contrapartida, você compreende que o organismo é constantemente mobilizado quando você está em estado de tensão permanente, da mesma forma que o stress vai favorecer a aparição ou o agravamento de inúmeras patologias: hipertensão, doenças vasculares ou cerebrais, dores de cabeça, dores nas costas, insônia, distúrbios gastrointestinais, problemas dermatológicos, endócrinos e ginecológicos. As pesquisas adiantam que o stress tem também conseqüências sobre o sistema imunológico. Ele inibe a resposta imunológica e, conseqüentemente, diminui a combatividade do seu organismo.

Se a reação de stress lhe dá condições para reagir diante de uma situação que julga ameaçadora e para adaptar-se constantemente ao meio, você deve procurar o equilíbrio ideal. Aprenda a pensar de outro modo, a arrumar um tempo para se divertir e a aproveitar o tempo presente. Abandone-se confiantemente ao que existe aqui e agora. Quanto mais você aprender a levar em conta a sua energia, melhor. É tempo de aprender a fazer a triagem para eliminar o que não é essencial para a sua felicidade. Deixe de lado as atividades estéreis ou fúteis. Aprenda a dizer não às solicitações supérfluas. Pode usar o seu tempo extra para praticar atividades favoráveis à satisfação do seu corpo (esporte, relaxamento, massagem) e do seu espírito (leitura, cinema, exposições). Você administra melhor o seu tempo tomando consciência das horas que pode ganhar deixando de lado aquilo que é inútil. Não viva mais em ritmo de urgência. Para isso, deve pensar no que é mais importante em sua vida. Quanto tempo você dedica às suas prioridades? É muito ou pouco? Consagre sua energia ao que lhe parece essencial. Passe a organizar os seus dias e não deixe mais os acontecimentos ou outras coisas decidirem em seu lugar.

Você pode também ser o seu próprio carrasco ao ser perfeccionista ou ao subestimar as suas possibilidades. Você ama a perfeição. Para você, tudo deve ser estabelecido nos mínimos detalhes, caso contrário vai ficar com medo dos erros e das críticas. Sente necessidade de ser admirado e de ser julgado indispensável. Você sente que, se o olhar que os outros lhe dirigem não for positivo, você não existe? Os principais agentes do stress provêm de nossas relações com as outras pessoas. Você deve ter suficiente auto-estima a fim de viver melhor com os outros, de não se intimidar com seus conselhos ou opiniões. Aprenda a se aceitar tal como é, com suas qualidades e defeitos, e a agir em conformidade com seus valores. Quando vive com medo da rejeição social, você acata a opinião dos outros e anula os seus pontos de vista. Afirmar-se não é se impor, é compartilhar e estar atento à outra pessoa. Nessas condições, os relacionamentos não se tornam mais fontes de stress.

São as atitudes que limitam o que você pode realizar. As atitudes se traduzem pelo pensamento, pelo sentimento e pela ação. Os seus pensamentos negativos freiam a sua audácia. A visão pessimista torna a vida triste e monótona, obrigando a um comportamento defensivo. É possível flexibilizar suas atitudes para adquirir maior liberdade. Quando você sente tristeza, inquietude ou angústia, as suas ações consistem apenas em protegê-lo. Ao se tornar consciente dos efeitos do seu comportamento, você aprende a pensar mais positivamente, a ampliar o seu campo de experiências, a confiar mais em si e a se amar. Faz sua iniciação progressiva na arte de se adaptar a uma situação, de abordar um problema sob diferentes ângulos e de estudar as vantagens. Reflete por mais tempo sobre a maneira como se organizam os seus pensamentos de modo a anular os julgamentos instantâneos e as certezas firmadas. Evita tirar conclusões apressadas, concentrar-se nos mínimos detalhes em detrimento do conjunto e sentir-se responsável por tudo o que acontece. Utiliza em vez disso a sua energia para desfazer o caráter dramático das situações e pôr em xeque as crenças que o levam a pensar de forma sistemática que determinada situação é intolerável, ou que uma outra é inaceitável.

DENTES

Sonho que quebro todos os dentes...

Várias expressões atribuem aos dentes a potência, a coragem e o vigor: ter bons dentes, cerrar os dentes, ter as rédeas nos dentes. Outras, a agressividade: mostrar os dentes, ter dentes afiados, falar entre dentes, armado até os dentes.

Se você sonha que perde os dentes, talvez esteja atravessando um período em que lhe esteja faltando um ímpeto vital ou de criatividade. Está se sentindo impotente? Deseja evoluir e certas resistências interiores anulam sua energia ou sua força criativa?

Os relatos da mitologia atribuem aos dentes o papel de semente:

Cadmo, um herói fenício, foi a Delfos para consultar o oráculo. A sacerdotisa de Apolo, Pítia, aconselhou-o a fundar uma cidade. Uma bezerra levou-o ao lugar escolhido. Seguiu-se uma luta com um dragão.

Cadmo venceu o monstro, imobilizando-o com uma corrente. A deusa Atena aconselhou-o a arrancar os dentes do dragão e a semeá-los na terra para que eles fossem a semente de um novo povo ilustre. Cadmo obedeceu. Imediatamente, dos sulcos, milhares de homens armados apareceram. Sempre seguindo as ordens da deusa, Cadmo lançou uma pedra. Acreditando que estavam sendo atacados, os guerreiros mataram-se uns aos outros. Cinco deles sobreviveram e se tornaram amigos do herói. Tebas estava fundada.

Etes propôs a Jasão que pusesse sob o mesmo jugo dois touros de pés de bronze que cuspiam fogo, para que eles trabalhassem a terra. Jasão deveria em seguida semear os dentes de dragão, que germinariam, e de onde nasceria um exército que era preciso exterminar. Medéia ofereceu a Jasão um ungüento de invulnerabilidade que lhe permitiria suportar o bafo inflamado dos touros e os golpes dos soldados. Como no mito anterior, Jasão saiu vitorioso desse combate fazendo os homens-dragão lutarem entre si depois de atirar-lhes uma pedra.

Na China, um homem conseguiu capturar em uma jaula o deus da tempestade responsável pelas inundações. Os filhos não resistiram às súplicas do deus e lhe deram de beber. Revigorado, o deus conseguiu escapar. Como recompensa, ofereceu às crianças um dente e lhes disse que o plantassem se não quisessem morrer. Daquele dente nasceu uma abóbora imensa que os salvou da vazante provocada pelo soberano supremo, o Senhor do Lugar Alto, com quem o pai deles tinha entrado em contato. As crianças, conhecidas pelo nome de *fuxi* (abóbora), foram os únicos sobreviventes dessa vazante. O pai delas foi morto quando seu barco se chocou contra o solo.

O pensamento se nutre do poder dos símbolos. Os sonhos de sementes abortadas são desejos de criatividade sufocados? Você desperdiça seu poder criativo por meio dos seus conflitos internos, dos seus sentimentos de inferioridade. Como ele pode se expressar se você o alimenta com suas dúvidas? Você deve derrubar todas as barreiras internas que o privam de passar à ação. Tenha confiança em seus talentos. Você se parece com essa terra que acolhe os grãos para transformá-los em plantas magníficas. Deixe à vontade o seu espírito que, livre de seus esforços incessantes para controlá-lo, vai liberar a imaginação. O obstáculo à criatividade reside em seu espírito. O esforço mental provoca o efeito inverso daquele procurado. "Pare de lutar e a transformação surgirá", dizia o taoísta Chuang-Tzu. Não busque a idéia, mas a calma na qual ela poderá nascer ou não. A meditação o aproxima da sua fonte interna. Ela o afasta da massa de informações que você tem constantemente de administrar. Não peça ao seu cérebro um resultado imediato. Aceite o fato de que a idéia não vai surgir naquele momento, tenha a certeza de que ela brotará, talvez no momento em que você menos esperar. Coloque o problema e deixe a sua imaginação vagar à procura de inspiração. Não queira guiá-la. Saboreie a paz. Cada membro do seu corpo tira proveito da sua calma. Essa parada não é um tempo perdido; as imagens formadas naturalmente são a fonte da criatividade. Longe das tensões e da realidade cotidiana, o espírito relaxado voa em direção ao reino da inspiração.

TEMA IV
Nudez

NUDEZ

Sonho que estou passeando nu pela cidade...

Quando Eva sucumbiu ao prazer de morder o fruto proibido, tendo assim cometido o primeiro pecado da humanidade, ela se viu proibida de entrar no paraíso. O livro de Gênesis explica a dualidade sexual por uma ruptura interior: sob o olhar do estranho, descobrem-se nus, frágeis, expostos. Adão e Eva jamais haviam sentido vergonha da sua nudez. Depois, Eva sucumbiu à tentação. Está escrito na Bíblia: "Então foram abertos os olhos de ambos, e conheceram que estavam nus; e coseram folhas de figueira, e cingiram-se". A nudez remete ao pecado original e desperta a nostalgia do paraíso perdido. A lembrança do acontecimento primordial recorda a pureza, a autenticidade e a integridade da personalidade.

Você sente uma defasagem entre a sua verdadeira personalidade e a maneira como vive o dia-a-dia? Esse sonho em que está exposto significa que você hesita em revelar um aspecto da sua personalidade? Por que você tem um sentimento de vergonha diante do julgamento dos outros? Ser autêntico na regra moral significa que é preciso "mais ser do que parecer". Se o seu comportamento imita os seus pensamentos profundos, você é autêntico, porque você se mostra tal como é. Se você só aparenta, está vivendo uma ilusão, representando permanentemente.

O pesadelo destaca uma sensação de mal-estar e o convida a mostrar a sua verdadeira natureza. Se você é digno de ser visto tal como é, o que abriga por trás da nudez? Talvez um Eu ideal mais forte, isto é, um conjunto de expectativas e desejos não realizados. Dividido entre as suas expectativas e a realidade, você se classifica na categoria "não estar à altura" e crê que os outros não têm dúvidas a respeito de nada. Isso demonstra uma auto-estima muito baixa, isto é, você se menospreza e busca aparentar o que não é. Você deve estar em consonância com os seus sentimentos, emoções, pensamentos e ações. Isso é que constitui "o ser". Você não tem de desempenhar um papel. Que felicidade incrível é ser amado por aquilo que se é!

As roupas representam o seu comportamento e o seu papel social. Quando você as tira, o que sobra? Se você sente o vazio e o nada, está se confrontando com a pobreza espiritual. Você está ligado à organização social e a seus valores, enquanto uma vozinha interior se preocupa com o seu desejo existencial. Você associa a espiritualidade à superstição ou a uma resposta à morte? Considera as experiências místicas como fenômenos patológicos? A sua consciência voltada para a matéria aspira tirar suas vestes. Ela não pede que para isso você tenha de se separar do mundo; ela quer integrar a vida a um outro sistema de valores. Ela procura uma ampliação do seu campo além dos limites do seu ego. O seu ego é limitado pelo invólucro corporal e pelo autocontrole. À noite, você tem a impressão de que existe uma consciência mais ampla, mais total, uma consciência pura onde os seus pensamentos não vão perturbar o acesso a um plano superior? Essa consciência o reúne ao conjunto da humanidade por uma espécie de elo que liga a vida à morte e vice-versa; assim você transcende os seus limites. Para chegar aí, você mergulha em seu mundo interior. O estudo dos sonhos representa a primeira etapa, porque facilita o trabalho em profundidade. Para a interpretação, ponha o dedo em seus medos e pensamentos negativos. Você sentiu frustração, cólera, insegurança, solidão, angústia ou preocupação? Respondeu a essas emoções protestando ou fugindo? Com espírito de vingança, ciúme ou decepção?

A partir dessa constatação, você reage para se realizar de outro modo. Fica em harmonia com os outros, em equilíbrio com seu mundo interior e com o exterior. Inscreve a sua vida na alegria, no amor e na paz. Vive o momento presente em sua plenitude, com um sentimento absoluto, sem lamentar o passado e sem esperar tudo do futuro. A espiritualidade fica gravada naturalmente em você como um elemento vital da existência.

"Aquele que se conhece, conhece Deus."

Maomé

"O sábio discerne o rosto de Deus em seu coração,
Não nas imagens de pedra e de barro.
Que pena! Aquele que não consegue vê-Lo em si,
Busca-O fora dele."

Shiva Purana

PÉS DESCALÇOS

Ando pelas ruas sem sapatos e tenho vergonha por estar descalço...

Os pés remetem à estabilidade. Eles apóiam o corpo todo. Os pés não somente têm contato com o solo, mas também com a realidade. Você usa a expressão "ter os pés no chão" para indicar exatamente esse senso de realidade. Para Jung, o pisoteamento tem relação com a fecundidade, portanto com a sexualidade, porque ele trabalha a terra (Édipo e seus pés inchados). Os pés são atores; eles representam os seus atos.

A cabeça é a sede do pensamento e da criatividade. Não é ela o fundamento do orgulho? Os pés, situados na outra extremidade, representam a fraqueza. O calcanhar-de-aquiles é a prova disso. A mitologia conta como Aquiles foi criado pelo sábio centauro Quíron. Sua mãe, para torná-lo invencível e imortal, o mergulha nas águas do Estige. Como ela o segura pelo calcanhar, essa é a única parte do corpo que não imerge e permanece como o seu ponto vulnerável. O pé continua mortal num corpo de essência divina. As suas energias, que deviam manifestar todas as suas qualidades, esvaíam-se pelo seu calcanhar sob a forma de cóleras e paixões que o afastavam da sua natureza divina. Aquiles morreu atingido no tornozelo por uma flecha disparada por Páris. Muitos heróis, atingidos nos pés, sucumbiram aos seus ferimentos.

Você se sente vulnerável quando está descalço? Se o fato de tirar os sapatos se torna um pesadelo, procure descobrir do que os sapatos o protegem. Por que você é mais frágil sem eles? Quais as fraquezas que você esconde?

Aceitar a realidade do seu ser é se aceitar. Você tem qualidades que aprecia e defeitos que gostaria de ver desaparecer. O ser perfeito não existe. Um defeito é muitas vezes associado a uma qualidade. Se você é muito direto, não muito diplomático, tem a possibilidade de ser franco. Se for maníaco, é organizado. Algumas de suas fraquezas equilibram as suas forças; saiba perceber a sua realidade global.

Os pés descalços remetem a imagens de carência. As suas preocupações são de ordem material. Você precisa se sentir assegurado pelas economias. O andar descalço representa a pobreza, o repúdio da sociedade.

O pé simboliza a alma. Quando Jesus, antes de se sentar à mesa para celebrar a Páscoa, quer lavar os pés de Simão Pedro e este último protesta: "Senhor, tu lavar-me os pés a mim?", Jesus lhe explica: "eu vos dei o exemplo, para que, como eu vos fiz, façais vós também". Enquanto a vaidade expulsou Adão e Eva do Paraíso e levou Judas à traição, Jesus convida seus discípulos a reconhecerem a grandeza do servidor em sua humildade. Você deve expulsar a vaidade, parar de achar que é melhor do que os outros. Jesus, ao se tornar humano, mostra a ligação que existe entre ele e seus discípulos, e toda a humanidade. Você deve se alimentar com a verdade sobre si mesmo.

O misticismo está impregnado de rituais, de fé, de confiança e de amor. Para entrar nos mosteiros e templos budistas, tiram-se os sapatos. Por esse ato, você entra em contato com a terra, reconcilia-se com sua natureza de filho de Deus e se libera de entraves materiais. Na iconografia, o pé do Buda é ao mesmo tempo a síntese da sua doutrina e o símbolo do futuro do homem. Na Índia, as três passadas de Vishnu, o grande Agrimensor, simbolizam os estados da consciência e a onipresença do deus.

Qual é a sua relação com Deus? Deus, qualquer que seja o seu nome, não é demonstrado pela razão, ele é sentido. Você não consegue a prova da sua existência, experimenta a sua presença. Santo Agostinho falou assim sobre a fé: "Para crer, não procure compreender, mas faça um ato de fé..." Não procure desvendar o mistério da fé, porque isso vai reduzir o sagrado a profano.

O pé tem a forma de um germe, deixe-o desenvolver-se na terra sem temor de vir a ter medo do homem que dele resultará. Como Sócrates, filho de um escultor, você prefere esculpir a sua alma a esculpir o mármore. Como Platão, seu discípulo, você oferece o seu último banquete, símbolo da fruição material, para se consagrar daí em diante à Verdade, ao Bom e ao Bem, base da Verdade, purificação da alma. Os sapatos representam os aparatos sociais que não conduzem a alma a uma vida melhor. Somente a nudez dos pés a faz brotar tal como ela é e destrói as aparências enganadoras. O acrobata da basílica de Vézelay tem a cabeça encostada nos pés, é o símbolo do homem completo. Seja esse homem ou essa mulher!

"Os homens chamaram o amor de Eros porque ele tem asas; os deuses o chamaram Pteros porque ele tem a virtude de doá-las."

Platão

TEMA V
Animais, monstros e gigantes

A noção de paraíso é comum à maioria dos povos. Todos os mitos evocam o primeiro homem em seu espaço idílico, em meio a uma natureza generosa e a animais pacíficos. Desfrutando de uma felicidade perfeita, de liberdade e de paz, ele é também imortal. A Terra e o Céu eram muito próximos e o homem podia chegar ao Céu graças a uma árvore, a um cipó, a uma escada, a uma montanha ou se deixando levar por um pássaro. O homem primordial podia encontrar os deuses no Céu ou na Terra, misturados aos humanos; conquistando a amizade dos animais, falando a sua linguagem e se apropriando assim de uma vida espiritual superior à dos homens. Os animais não formavam uma espécie biológica inferior porque eles conheciam os segredos da vida e da Natureza. O homem se sentia animal entre os animais. Numerosas crenças afirmam mesmo um parentesco entre as duas espécies.

Os índios da América acreditavam que descendiam todos do mesmo pai e que trocavam facilmente de aparência. Na África, a primeira criatura terrestre foi um louva-a-deus que deu origem aos homens. No Sudeste Asiático, os homens podiam se transformar em animais.

Em seguida a um acontecimento místico que provocou a separação entre a Terra e o Céu, esse estado paradisíaco chegou ao fim, e o homem se encontrou decaído. Os deuses tornaram-se seres longínquos, primeiro por causa da distância geográfica (eles se retiraram para o céu mais elevado) e em seguida por causa da sua indiferença. Eles foram substituídos por mensageiros ou divindades com poderes mais concretos (deuses da tempestade, do sol, da fecundidade) e mais próximos das preocupações materiais dos homens. Segundo o pensamento arcaico, o homem não criou a si mesmo. Em sua origem, o ser humano é uma obra divina que, em seguida, descobriu os prazeres da vida e se deixou arrastar para longe das divindades que não tiveram o poder de salvá-lo. Ele procura o favor dos deuses praticando sacrifícios de animais. Não está mais em contato direto com os deuses, mas se comunica com eles por meio do sacrifício. O sangue vertido no altar nutre a divindade, que gasta a sua energia fazendo crescer as colheitas, fecundando as mulheres e os animais. Jeová põe fim a esses sacrifícios: "Estou saciado dos holocaustos de carneiros e da gordura das vitelas gordas... Parem de me trazer oferendas vãs".

O sacrifício pedido é o sacrifício de si mesmo, de renúncia e de altruísmo. Para o homem moderno, a linguagem, a reflexão e os valores morais do homem fizeram dele um ser superior ao animal. O animal representa o universo dos instintos primários e pertence a um mundo primitivo que não evoluiu. Presentes em seus pesadelos, os animais ressaltam os aspectos escondidos ou ignorados da sua personalidade. Você deve aprender a domar o animal que está em você para melhor utilizar a energia que ele representa. Em função da atração ou da repulsa que você tem habitualmente por um animal qualquer, a mensagem do pesadelo será diferente. O bode representa o diabo e os desejos sexuais; a águia, a lucidez (ela tem a vista penetrante) e olhar o sol diretamente; o leão, a auto-afirmação, mas também a tirania; o lobo, o sucesso material; o cordeiro, a pureza, e o pássaro, a imaginação.

COBRA

Fui picado por uma cobra...

A cobra tem uma imagem ambivalente: ela está ao mesmo tempo na origem da vida, da morte e do renascimento. É um animal ardiloso, frio e perigoso.

> "Ora a cobra desliza para dentro da boca, ora ela morde o seio como a célebre serpente de Cleópatra, ora ela se satisfaz no papel da serpente do paraíso... As cobras levam os nomes significativos de vício, pecado e volúpia."

Jung

Nos mitos, os pássaros simbolizam o mundo superior dos espíritos enquanto as cobras representam os mundos inferiores, os "Infernos".

Na velhice, o deus do sol egípcio Rá babava. Ísis fez uma serpente misturando a saliva dele com barro e colocou-a no caminho de Rá. Este foi picado por um animal que não havia criado. Rá não conhecia então o antídoto para a mordida. Ísis exigiu de Rá que ele lhe revelasse o seu verdadeiro nome: "Diga-me o seu nome, pai divino, pois o homem permanece vivo quando é chamado pelo nome". Ela soube assim que de manhã ele era Khepri, o escaravelho; à tarde, Rá tinha a cabeça de falcão coroado com um disco solar e, à noite, Aton, duplamente coroado. Ela obteve afinal, em troca da cura, a revelação do seu nome secreto. Ele não ficou completamente curado, porque o seu poder foi reduzido. Neste exemplo, a cobra é um animal que não pertence à criação. Ela foi concebida a partir da saliva de um velho e da terra com o objetivo de descobrir o nome daquele que criou e organizou o universo.

No Livro dos Mortos, cada hora da noite era consagrada ao deus do sol que queria atravessar o mundo subterrâneo em seu barco. Todas as noites, Rá precisava lutar contra a serpente Apophis e, durante as últimas horas do sono, ele entrava no corpo de uma grande serpente e saía rejuvenescido pela manhã. Nesse caso, a cobra pertencia ao mundo das trevas e permitia, no fim do ciclo, vivificar o sol.

Gilgamesh, rei de Uruk e herói dos mitos sumerianos, tiranizou seu povo. Enkido tinha por missão disciplinar o rei. Eles começaram a lutar antes de firmarem uma sólida amizade. Compartilharam muitas expedições até que os deuses condenaram Enkido à morte. Gilgamesh chora o desaparecimento do amigo e fica obcecado pela morte. Por isso ele parte em busca de Utanapishti e de sua mulher, os únicos humanos salvos do dilúvio. Ele acaba por encontrá-los. Utanapishti conduz Gilgamesh ao local da juventude eterna e lhe explica como arrancar a planta da juventude escondida no fundo do mar. Depois ele parte. Cansado, Gilgamesh pára para descansar e a preciosa planta é roubada por uma serpente, que prova da planta e adquire o poder de trocar a pele e encontrar assim a juventude. Gilgamesh representa, assim, até hoje, o medo de morrer, a busca da juventude eterna.

Na Bíblia, a cobra representa o animal mais astucioso. Ela ganha a confiança de Eva ao lhe mostrar uma outra visão de Deus, um deus ciumento que acreditava que se o casal comesse a maçã, ele morreria. A serpente sugere que, em realidade, graças ao fruto proibido, eles viveriam como deuses. Ela seduz mais a mulher do que o homem, porque se pôs contra a mãe da vida. A cobra simboliza a vaidade que leva a acreditar em satisfações fáceis e afirma que todos os desejos são realizáveis. Um dia, Deus descobre a falta cometida por Adão e Eva. O homem, sentindo-se culpado, age covardemente pondo a culpa sobre a sua companheira: "A mulher que me deste como companheira, ela me deu da árvore, e eu comi". O paraíso estava perdido. Desde então o ser humano vive em nostalgia.

Como Eva, você está consumido pela dúvida e deve combatê-la. Chega a pensar que pode realizar seus desejos sem ser por isso culpado. Não vê o princípio do mal no que é proibido. A cobra é uma de suas funções psíquicas ao mesmo tempo sedutora e falsa, porque ela o empurra para o caminho da vaidade. Você se vê como um deus, o que significa que o divino não é mais um ideal a alcançar.

Como Adão, você atribui seus infortúnios e seus defeitos aos outros. É sempre culpa dos seus pais, do seu cônjuge ou do seu patrão o fato de você se encontrar em uma situação difícil. Adão não reconhece a sua culpa diante de Deus e, ao projetá-la sobre Eva, ele deixa de administrar o seu erro. Você deve assumir as consequências dos seus atos, banir a vaidade que está na raiz dos seus males. Essa é a sanção da humanidade. Entretanto é ela que vai servir de dinâmica para o seu desenvolvimento pessoal, porque a serpente fez conhecer o bem e o mal, a sedução pérfida, a sexualidade, da mesma forma que a incerteza da sua condição. A perda do paraíso é o preço a pagar para compreender a sua verdadeira personalidade. Ao se sentir responsável pelo bem e pelo mal você vai se permitir ter prazer, ao aceitar a vida e a morte você pode se reencontrar com as suas origens.

Na Bíblia, Adão e Eva cobrem a sua nudez com folhas da figueira, porque a culpa se fez sentir imediatamente. Cada um de nós carrega em si a intuição sobre o que é errado. A figueira simboliza os desejos terrestres. No Alcorão, surata VII, Adão e Eva têm consciência de que depois de ter comido da árvore proibida e ter acreditado que Satã era "o melhor dos conselheiros", eles são "perdedores entre todos". Deus assim os condena: "Desçam! Inimigos um do outro vocês serão. No entanto, na terra vocês terão lugar para se estabelecer e usufruir pelo tempo em que aí viverem, vocês aí morrerão e depois vão ter de partir..."

E você, por acaso disfarça um sentimento de culpa que o consome porque a vergonha é demasiadamente insuportável?

Nos exemplos anteriores, a cobra simboliza o mal. Como o mesmo símbolo pode significar o contrário, isto é, o bem? Quando Grécia e Roma se aproximaram, os deuses e as deusas do panteão romano tomaram emprestados os atributos das divindades helênicas.

Esculápio, nome romano do deus da medicina, vem do deus grego Asclépio, tendo sido o seu culto introduzido em Roma em 293 a.C. Os gregos acreditavam que a alma dos mortos encarnava nas cobras encontradas nos cemitérios. Asclépio visitava em sonhos os doentes que queria curar. Ele se tornou o benfeitor dos gregos ao acalmar os seus sofrimentos, e Zeus o colocou entre as estrelas, segurando uma cobra. A cobra tornou-se protetora, símbolo da santidade. O caduceu, composto de duas cobras em volta de um bastão, traduz o equilíbrio das forças que se harmonizam ao se opor. O bastão representa a experiência autêntica imediata, o poder de dirigir a sua vida com a sabedoria e a bondade dos patriarcas. As cobras representam o equilíbrio psicossomático, isto é, do espírito e do corpo. O caduceu representa o florescimento psíquico e físico, o objetivo da medicina.

Entre os astecas, Quetzalcoatl, a serpente com plumas, torna-se um criador. Antes de ser um dos quatro deuses criadores, ela representava uma divindade da vegetação e estava ligada ao deus da chuva. Ela penetra no mundo Inferior e se apodera dos esqueletos de um homem e de uma mulher. A deusa do lar, Cihuacoatl (mulher serpente), mói os ossos. Quetzalcoatl irriga-os com o sangue do seu pênis e assim a humanidade foi criada pela segunda vez.

O que simboliza a cobra que o pica em seus sonhos? Uma energia psíquica latente que pede para entrar em ação? Qual é essa energia? Ela é positiva ou negativa?

Se sente uma energia negativa, você apresenta atualmente sentimentos ligados à agressividade, à raiva, ao ciúme? Por que não consegue vencê-los? Você tem tendência a concentrar o seu interesse em um só objeto, em uma só pessoa? Você é como a serpente ambivalente em seus sentimentos em relação aos outros ou a si mesmo? Tem a impressão de estar loucamente apaixonado por uma pessoa e, de repente, se ela o decepciona (realmente ou na sua imaginação), você passa a detestá-la. É importante esclarecer os seus sentimentos, não se concentrar em uma só ocupação ou em um só amigo. É preciso aprender a desfrutar o prazer de diversas fontes de interesse (lazer, trabalho) e de várias pessoas (amigos, cônjuge, familiares), porque, se você perder ou achar que perdeu a sua única paixão, vai se ver repentinamente privado de tudo.

A picada da cobra constitui um meio de defesa. Ela encarna em você as forças primitivas e saudáveis. No curso da sua existência, você criou meios de defesa para se proteger. Por querer muito se proteger, passa a se comunicar menos e a se isolar. Não gosta de relacionamentos sociais. Você os reduz a contatos com desconhecidos. Tem medo da novidade e, por não enfrentá-la, você foge dela. Não se questiona nunca e, como Adão, projeta o que é ruim sobre os outros ou sobre as circunstâncias. "Não fui eu! Não foi minha culpa!" Você acha que o seu comportamento o protege. Não é nada disso. Pouco a pouco você se entrincheira num sistema de defesas e perde o senso de realidade. A vida é feita para ser vivida. Não é a idéia que se faz dela, são as suas descobertas que constituem a sua riqueza. São as suas experiências, bem-sucedidas ou fracassadas, que fazem com que ela seja sua, que pertença a você exclusivamente. Diante das dificuldades, não é preciso dar tapinhas nos ombros; você não deve retroceder. É preciso sair do espinheiro em que você se enterrou, antes que acabe por ter medo da própria sombra!

Em seu aspecto positivo, a serpente simboliza a sabedoria e a criatividade. No santuário de Epidauro, os sacerdotes veneravam as serpentes como o símbolo da regeneração anual, porque elas se retiram no inverno e reaparecem no começo da primavera trocando de pele e de virtudes. Você tem em vista uma mudança, uma mutação, como na troca de pele da cobra? A cobra encoraja a transformação e a realização. Como isso é possível? A troca de pele exige um retorno à autenticidade. Você se separa da sua pele superficial para viver seu eu verdadeiro.

Essa transformação é inseparável do mito da queda do homem pelo pecado, o qual renasce depois de ter banido a dúvida e a ilusão. Toda morte envolve um renascimento. Se essas palavras ressoam em uma parte de você mesmo, você sabe o que deve abandonar para se reencontrar. Se não quiser empreender o esforço exigido pelo seu inconsciente ou se não chega a perceber seus verdadeiros valores, a cobra virá povoar as suas noites até que você preencha a falta sentida.

A sua busca existencial tem por finalidade encontrar o estado paradisíaco onde o Céu e a Terra formam um todo, subir a escada, escalar a montanha e vencer a separação em relação a Deus para retomar a sua unicidade primitiva. A cobra o obriga a agir segundo a sua própria natureza. À noite, ela lhe manda a seguinte mensagem: "Seja o que você é". Não diz "torne-se", porque você tem a possibilidade de ser. É preciso simplesmente abrir-se, no mais íntimo do seu ser. Você deve acabar com as falsas aparências para viver dentro da sua realidade corporal e psíquica. A auto-realização lhe permite perceber-se como uma entidade global responsável. Os seus sentimentos determinam plenamente os atos que pratica em perfeita harmonia com os seus pensamentos. Você tem a escolha do seu destino, assume as rédeas da sua vida e não deixa que outros tomem as decisões por você. Não atribui os seus erros a outros. Você os assume. Cada vez que é bem-sucedido no ajuste da sua conduta à sua convicção, você fica satisfeito, porque vive de acordo com a sua essência verdadeira. Não tem nem a obrigação de se afirmar aos olhos dos outros, nem de buscar a admiração deles, nem de se reafirmar na opinião que eles têm de você. A cobra lhe traz a liberdade. Deixe de lado seus preconceitos, suas falsas percepções e, se tiver de morder, morda a vida!

MONSTRO

Sonho que sou perseguido ou atacado por um monstro...

O monstro causa pavor, porque ele se mostra aos homens sob uma forma desagradável e assustadora. Aparece muitas vezes como uma criatura gigantesca coberta de escamas, com cem gargantas vomitando fogo, como o célebre Tífon que conseguiu cortar os tendões de Zeus, de onde surgiram os centauros, metade homens, metade cavalos. Os centauros representam a brutalidade dos instintos e os excessos sexuais, o que os coloca no mesmo patamar dos animais. Esses seres, que se alimentavam de carne crua e de leite talhado, foram convidados para o casamento do rei de Lápita. Depois de terem bebido vinho e ficado embriagados, os centauros tentaram violentar a noiva e raptá-la. Esse foi o começo da guerra entre os centauros e os lápitas.

A mitologia está repleta de combates entre monstros de todo tipo. Para realizar os seus doze trabalhos, Héracles (Hércules para os romanos) teve de matar o leão de Neméia, depois a Hidra de Lerna, uma cobra d'água com nove cabeças. Em seguida, ele capturou o javali de Erimanto, aproveitando-se da ocasião para lutar com os centauros. Eliminou também os pássaros do lago de Estínfalo, que tinham asas e garras de bronze e devoravam os humanos. Depois de ter limpado as cocheiras de Áugias, ele se encarregou do touro de Creta e dos jumentos de Diomedes. Tendo conquistado o cinto da rainha das amazonas na Tessália, ele matou Gerion, gigante que tinha três cabeças e três troncos. Ele pegou as maçãs de ouro do Jardim das Hespérides, livrando-se do dragão que vigiava o jardim. Por fim, ele trouxe vivo com Cérbero, o cão feroz de três cabeças, guardião dos Infernos. Depois de completar os seus doze trabalhos, Héracles se lançou em outras aventuras, como a de libertar

Hesíone, uma princesa destinada a ser devorada por um monstro marinho. Para conseguir isso, ele entrou no ventre do monstro e saiu de lá vitorioso, mas careca.

Esse mito representa a tomada de consciência que cada um possa ter de si mesmo, a autonomia revelada. Por vezes é tentador reconhecer a proteção materna simbolizada pelo ventre no qual o herói penetra. Ele deixa seus cabelos no interior do monstro, o que simboliza sua natureza animal. Depois de ter descido às profundezas do inconsciente, ele renasce. Para Jung, as religiões se utilizaram da proibição do incesto para abrir um caminho para o renascimento. Na obra que vai anunciar a sua ruptura com Freud, *Metamorfoses da alma e seus símbolos*, ele cita Nicodemos no Evangelho segundo São João: "Como pode um homem renascer, sendo velho? Porventura pode tornar a entrar no ventre de sua mãe e nascer de novo?" Ele usa a resposta de Jesus a essa pergunta: "Em verdade, em verdade vos digo: ninguém, se não renascer da água e do Espírito, pode entrar no Reino de Deus. Porque aquele que nasceu da carne é carne, e aquele que nasceu do Espírito é espírito. Não vos admireis com o que eu vos disse. É preciso que nasçais de novo..." Jesus oferece de uma só vez uma verdade simbólica e um renascimento no ventre de uma nova mãe: a Igreja, a comunidade dos crentes. Para Paul Diel, a resposta de Jesus significa que você deve renascer em espírito e evitar confundir os desejos carnais e o desejo essencial, espiritual.

No Japão, os *oni*, demônios responsáveis pelas doenças e pela fome, podem apoderar-se das almas. Se esses monstros assombram as suas noites, procure em você os instintos primitivos que querem se apoderar do seu espírito. Esses monstros refletem a maneira como você vive a sua sexualidade? Representam as suas relações de força em relação aos outros ou uma certa violência? Talvez eles traduzam uma fruição puramente material da vida... Combater esses monstros é a sua realização como ser humano. No mito, o herói se torna um herói matando o monstro. Ele precisa mostrar grande coragem. Ele extrai de si forças superiores àquelas do animal. Como o herói, você anula algumas de suas pulsões que podem prejudicar o seu equilíbrio. Você deve vencer as dificuldades e ultrapassar os obstáculos. O monstro o impulsiona a se superar, a dar o melhor de si mesmo. Matar o monstro é garantir a supremacia do espírito sobre os instintos.

Quando o herói sai do ventre do monstro, ele encontra uma nova vida. Ele enfrentou as angústias do inconsciente, como você ao analisar os seus pesadelos. O herói não se deixa mais engolir; você, por sua vez, não se deixa prejudicar pelos seus medos. Libera uma nova dinâmica ao reconhecer os seus medos. Você reata com o seu ser e se faz renascer. Fugir do monstro não é a melhor solução. A fuga é negativa, porque ela obriga a ignorar aquilo que foi descoberto.

Os monstros, carreguem eles as características de um dragão (Ladon) ou de um cão (Cérbero), guardam um lugar importante. Eles são os guardiães de uma entrada e de um tesouro. O monstro dos seus pesadelos é também o guardião do seu equilíbrio. Fixa limites que devem ser ultrapassados para encontrar a maturidade afetiva, emotiva, psíquica e espiritual. O monstro se defende das forças destrutivas do seu inconsciente. Nossos demônios interiores assumem a forma de monstros para melhor serem identificados e impedidos de fazer mal. Para vencer esses monstros é preciso vencer a si mesmo.

DIABO, DEMÔNIO E ANIMAIS DO DIABO

O diabo se inclina para mim e tenta me seduzir...

Na Bíblia, o diabo representa as forças do mal e o inimigo de Deus. O diabo é um anjo decaído, o mais belo dos anjos, Lúcifer (aquele que carrega a luz), conhecido também pelo nome de Satã (o adversário), Azazel ou Belzebu (senhor do esterco ou da mansão suprema). No Velho Testamento, no tempo dos patriarcas, na terra de Hus, vivia "um homem chamado Jó, reto e temente a Deus e afastado do mal". Certo dia, quando Jó foi apresentar-se perante Deus, Satanás questionou o valor de Jó: "Porventura é a troco de nada que Jó teme a Deus?" Satanás, em seu papel de advogado do diabo, pôs assim em dúvida o desinteresse de Jó e quis pô-lo à prova. Deus lhe respondeu: "Pois bem! Tudo o que ele tem está em teu poder". Jó perdeu não somente os bens materiais, mas também a saúde e os filhos. Foi abandonado pelos amigos e se revoltou contra a injustiça de Deus. Permaneceu fiel a Deus, mas foi guiado por uma idéia falsa de religião. Ele estivera convencido de que uma boa conduta comprava a felicidade e assim exigia que seu valor fosse reconhecido por Deus. Queria que Deus reconhecesse seus méritos, e estava aí justamente o seu erro. Ele foi salvo, recuperou sua riqueza, uma família e os amigos quando parou de se justificar e se calou.

No Novo Testamento, o diabo põe até Jesus em tentação. O Evangelho segundo Mateus (a Tentação no deserto) conta que Jesus foi conduzido ao deserto pelo Espírito para ser tentado pelo diabo. Depois de ter jejuado quarenta dias e quarenta noites, Jesus teve fome. É nesse momento que o tentador lhe lança o primeiro desafio: "Se tu és o Filho de Deus, manda que essas pedras se tornem pão". Em seguida, o diabo o transporta ao pináculo do templo da Cidade Santa e lhe diz: "Se tu és o Filho de Deus, lança-te daqui abaixo". Numa terceira tentativa, o diabo o leva a uma montanha muito alta para mostrar-lhe todos os reinos do mundo: "Tudo isto te darei se, prostrado, me adorares". Jesus resiste à tentação à qual foram submetidos Adão e Eva. Ele não afirma por si mesmo que é o Filho de Deus. O diabo não lançou o seu desafio ao acaso. A sua imposição exige a transmutação da matéria em alimento essencial, alimento que Jesus deixou para a humanidade. O reino exterior prometido pelo diabo é o caminho da facilidade. Satanás não deve ser considerado como um poder sobrenatural. Ele personaliza o símbolo do mal, porque "Deus não põe ninguém à prova, mas cada um é provado por sua própria avidez".

O senhor do mal não é uma invenção cristã. Nós o encontramos em inúmeros mitos. Segundo Zoroastro ou Zaratustra (filósofo, historiador e religioso dos séculos VII–VI a.C.), Ahura Mazda, senhor sábio e guia espiritual dos homens, combateu o seu irmão gêmeo **Angra Mainyu** ou Arimã, espírito do mal, até a vitória do bem. Na Grécia, Pan era tão disforme que sua mãe o abandonou no dia em que nasceu. De um apetite sexual insaciável, muitas vezes representado com chifres e patas de bode, perseguiu ninfas e foi considerado como o diabo. Pan, como deus, desapareceu.

O diabo é muitas vezes representado com o aspecto de um bode lúbrico ou de um touro, grandes símbolos sexuais. O bode limita o homem ao gozo apenas dos sentidos. Outros animais são ligados à imagem do mal, como a cobra, o gato preto, o morcego, o lobo, o sapo e o abutre. Eles representam o instinto, a natureza animal do homem.

No fim da época medieval, na França, a crença em Satanás e na bruxaria conheceu seus momentos de glória. Os pactos com o diabo eram assinados durante os sabás. O mestre de cerimônia dava aos signatários dos pactos um beijo em nome do diabo e marcava seus corpos. Do século XIV ao XVII, os inquisidores procuravam as famosas marcas do diabo em sua caça às bruxas. O demônio conservou a reputação de tentar possuir as mulheres durante o sono. Os íncubos são os anjos decaídos, poderosos fornicadores, mas estéreis, eles tiram a sua semente dos jovens adormecidos e abusam das mulheres durante o sono. Os magos e certos personagens míticos tinham sido também gerados por íncubos.

A abordagem do diabo não pode ser feita sem se invocar a figura mítica mais retomada na literatura: Fausto. O doutor Fausto realmente existiu entre 1450 e 1540 na Alemanha sob o nome de Georgius Johannes Faustus de Knittlinge. Essa personagem tão controvertida, ao mesmo tempo intérprete de horóscopo, prestidigitador de feira, mágico e quiromante, se fazia chamar de "príncipe dos ímpios". Ignoram-se as circunstâncias da sua morte, mas circulam numerosas histórias sobre os seus poderes mágicos. As biografias e o livro *Volksbuch* fazem um retrato muito pouco lisonjeiro desse homem. Em 1590 é encenada em Londres *A Trágica História do Doutor Fausto*, de Christopher Marlowe. Depois numerosos autores se basearam nessa personagem, como Lessing, Maler-Müller, Klinger, até as duas obras sobre Fausto escritas por Goethe. As duas guerras mundiais dão origem a diversas obras sobre Fausto em que a personagem é incorporada ao símbolo da Alemanha que pactuou com o nazismo demoníaco. O Fausto do século XVI é condenável, mesmo em nome da ciência, porque ele faz um pacto com o diabo. Com Goethe e as gerações seguintes, Fausto representará o homem que aspira chegar ao conhecimento, à força e à felicidade.

Vende a sua alma ao diabo em troca da realização de todas as suas aspirações, o gozo perfeito de todos os prazeres e o poder da permanência. O pacto diabólico tem sempre um valor simbólico. Você é um ser livre e, entretanto, levado por seu desejo de ter sucesso, está pronto a se unir ao mal. Fausto é sempre moderno, porque ele exige que se faça uma escolha e que se comprometa a liberdade: a fidelidade ao bem ou a alienação ao mal.

No Arcano XV do tarô de Marselha, o diabo alado está de pé com seios de mulher e um capacete que lembra a galhada do cervo. Os pés e as mãos têm uma forma metade humana, metade ave. Os detalhes extraídos do mundo animal testemunham que o diabo conduz o homem em direção ao fracasso e que ele não permite ao homem a sua realização. Ele deve se separar do mundo material e de seus instintos que o levam ao orgulho, à luxúria e à ganância para chegar à sua plena realização. Na carta, o diabo é hermafrodita, carregando em si as tendências dos dois sexos, o que leva cada um de nós a procurar a sua alma irmã. Sem amor, você se sente incompleto. A carta mostra que a satisfação da carne não é suficiente para a felicidade do casal e que o amor se nutre de uma outra forma de contato. Aos pés do diabo, dois seres com chifres e caudas estão ligados a uma só corda que passa em torno dos seus pescoços. É o cordão umbilical ligando-os ao seu senhor? A corda representa o príncipe destituído da unidade divina da criação? O diabo criou a divisão, ele põe os homens uns contra os outros, ele é o inimigo da unidade desejada por Deus. Defenda-se de seus instintos que rompem o seu equilíbrio e o atraem para a facilidade.

Em Gênesis, Adão e Eva estão no paraíso. Possuem tudo, tanto que é difícil acreditar que eles pudessem conhecer a tentação. A vaidade foi a origem da sua perda. É preciso imaginar que eles não tinham consciência da sua felicidade? Deve-se comparar para poder avaliar aquilo que se possui? O mal deve existir para que o bem possa superá-lo? Você quase não levanta esse tipo de pergunta, confundindo muitas vezes felicidade com prazer. Não se dá conta da sua felicidade a não ser depois de tê-la perdido, como Adão e Eva (divórcio, luto, falência, desemprego). Você se apega a poderes ilusórios. Incontáveis são aqueles que, em idade avançada, agarram-se a todo custo a mandatos políticos ou outros papéis semelhantes, porque só têm isso como sua razão de existir e de reconhecimento social. Outros se sentem seguros graças ao pecúlio formado por suas economias. A sede de riquezas materiais pode esconder outros recursos mais essenciais. Você toma consciência dos seus falsos valores graças ao diabo que vem, por meio das suas tentações, pôr em xeque a sua maneira de ser. O enfrentamento com o diabo permite a elevação, a reconstrução moral. Você leva em conta a carga simbólica dessa imagem que faz um apelo ao renascimento do espírito invocado anteriormente com Nicodemos.

O diabo é, pois, um tentador, mas a tentação pode ser positiva, porque leva ao autoconhecimento quando se resiste a ela. Graças à sua vida, você não permanece na felicidade passiva de Adão e Eva. Você se dá conta dos seus defeitos para superá-los e chegar a uma harmonia entre corpo, instinto, espírito e alma. O diabo é igualmente associado ao dragão. Assim é que São Jorge derruba o dragão, símbolo das pulsões inconscientes e não controladas. Graças ao diabo, você pode chegar aos seus instintos mais primitivos e assim dominá-los. Reconhecer o fogo que habita em você permite que viva plenamente a sua paixão. Somente a natureza desta última é que pode ser questionada. Se essa paixão é a do jogo que dilapida todos os seus bens, é tempo de você se livrar dela. Em compensação, caso se trate de um sentimento amoroso, deixe o amor transformá-lo e levá-lo em direção a outra pessoa. O desejo não é mau em si mesmo. É a fonte de projetos, a energia que alimenta os seus atos, o antídoto à dúvida e ao cansaço. Em compensação, ele não pode ser o seu único senhor.

O diabo não tem limites. A cultura ocidental nos ensinou a distinção entre o bem e o mal. O bem, um ideal moral apoiado na verdade e no espírito, é o caminho da sabedoria e da recompensa. O mal está ligado ao erro, ao pecado, à irresponsabilidade dos atos que acarretam a degradação do homem. Os seus limites são fixados pela sua moral.

Se o diabo dos seus pesadelos aponta as suas cóleras, seu ciúme recalcado ou qualquer outra pulsão negativa, você toma consciência da sua dificuldade em exprimir aquilo que sente. Você enterrou de tal forma aquilo que lhe faz mal, que se fechou pouco a pouco não só para os outros, mas também para você mesmo. Não distingue mais os seus desejos, não deseja mais nada. A decepção e a insatisfação não expressas mataram o seu desejo essencial. O diabo desperta o seu impulso vital.

GIGANTE

Estou diante de um gigante e tremo de medo...

A mitologia, as lendas e os contos amam os seres gigantescos representados pelos gigantes. A Bíblia narra também um combate incrível entre Golias e um jovem, Davi, que o mata com uma pedra em plena testa. Para os gregos, no início da criação, surge o Caos, depois a terra Gaia que se une a Urano. Dessa união nascem os titãs e os monstros. Urano os prende nas entranhas da terra. Para se vingar, Gaia convence o mais novo dos titãs a castrar o pai. Do sangue do ferimento nascem os gigantes, as ninfas e as fúrias.

Os titãs, enormes e com uma força incrível, eram os senhores supremos do universo. Cronos (Saturno para os romanos) governa até que seu filho Zeus assume o poder. É preciso não confundir os titãs e os gigantes. Os titãs são seres monstruosos, enquanto os gigantes não têm os mesmos instintos rudimentares. Os gigantes são criaturas fáceis de serem enganadas.

Nos mitos navajos, no Novo México, a história do coiote é muito popular. O animal astucioso propôs a um gigante que devorava seus filhotes tomar um banho de vapor destinado a torná-lo tão ágil quanto ele, coiote. Quando a cabana se encheu de vapor, o coiote fez o gigante acreditar que ele era capaz de realizar milagres. Pegou um pedaço de rocha e com ela cortou uma pata de veado (que tinha escondido na cabana), fazendo-a passar por sua. Depois, cuspiu sobre a sua verdadeira pata e mostrou ao gigante que ela voltara a ficar intacta. O gigante enganado se deixa convencer pelo coiote a tentar a experiência com a sua perna. E assim o coiote corta a perna do gigante.

O deus criador Pan Gu pode, com uma passada, cobrir o espaço entre o Céu e a Terra. O gigante impressiona pelo seu tamanho. No seu pesadelo, ele força a comparação, a competição. Ele exprime uma razão entre força e dificuldades que se relacionam. Isso leva você a pensar em quê? Certamente em uma pessoa que detenha poder. Na sua família, ele representa o seu pai, a sua mãe ou o seu cônjuge? No trabalho, simboliza o seu superior? Você deve enfrentar o gigante, livrar-se do seu domínio. A tarefa parece sobre-humana, mas o pesadelo o exorta a ser corajoso. O gigante o domina e impede a expressão da sua personalidade. O combate parece desigual, mas não é tanto quanto parece. Nos contos, os gigantes se alimentam de crianças, e isso não é por acaso. Na sua relação com aquele que crê ser o gigante, você se porta como uma criança. Depende dele, submete-se a suas regras e a seus princípios. Já é tempo de estabelecer uma outra forma de troca com base em uma comunicação saudável e construtiva. Você deve crescer e vai perceber que o gigante ficará do seu tamanho, porque você soube restabelecer as relações de igualdade.

Se o gigante não é uma pessoa do seu círculo, é uma das características da sua personalidade? Uma necessidade de dominação, de ambição desmesurada, ou o seu oposto, um sentimento de inferioridade? Pode também representar um problema ou um complexo que você julga insuperável. Você tem em si um potencial de mudança e de evolução; vá buscar em seu tesouro íntimo a descoberta da solução. Explore os seus aspectos ocultos, seus sentimentos profundos, para perceber aquele que abriga o gigante. Ele pode revelar as emoções em estado primitivo, isto é, ainda não expressas em seu consciente.

URSO

Passeio na floresta quando repentinamente surge um urso... Estou numa excursão, entro numa caverna e dou de cara com um urso...

Nos contos e lendas, o urso é um animal solitário e perigoso. Na mitologia grega, muitas crianças foram alimentadas desde o nascimento por um animal (jumenta, cabra, vaca, leoa). Somente Páris e Atalante foram alimentados por uma ursa. Nos pesadelos, o urso é muitas vezes associado à floresta ou à caverna. Esses dois locais, embora diferentes, são sombrios e inquietantes. Você tem medo de se aventurar em seu interior, porque sente o perigo de ficar perdido na floresta ou de se ver frente a frente com um animal feroz na caverna.

Se você reconhece no urso os instintos do seu inconsciente, você os pressente realmente incontroláveis em um conflito interior grave. O urso é uma força da natureza; ele é capaz de se levantar sobre as patas posteriores apesar do seu peso formidável. Os seus instintos o pressionam em direção às pulsões que você não domina. Eles o encorajam a seguir por um caminho que você não aprova. Que nomes carregam os seus desejos em conflito com as exigências da realidade material e as regras da vida em sociedade?

Se você se sentir aterrorizado pelo urso, não conseguirá reagir, permanecerá petrificado. Ele vai agredi-lo e você não será capaz de fazer nada para impedi-lo. Você é vítima de si mesmo, desvaloriza-se ao superestimar os outros. Você os vê como ursos. Tem a sensação de que a vida está repleta de ameaças? Está freqüentemente inquieto? Tem a impressão de viver na insegurança? O urso pode representar as angústias da sua infância, angústias primitivas que você recalcou e que se expressam de vez em quando por intermédio dos pesadelos.

A caverna, como todos os locais escuros, lembra o ventre materno. Muitos ritos e provas de iniciação nas sociedades primitivas faziam o menino passar por uma separação violenta de sua mãe para que se tornasse um homem. Ele é projetado brutalmente em um mundo desconhecido para marcar bem a sua ruptura com a infância. Ele entra em seguida no mundo dos adultos e dos iniciados por ter tido uma revelação da existência. Desse modo, ele morre para a infância a fim de renascer como homem. A caverna pode ser para você uma prova pela qual deve passar, uma iniciação. É uma verdadeira prova de iniciação passar um tempo escrevendo os seus sonhos a fim de conhecer os aspectos da sua personalidade que, por serem desconhecidos, apresentam-se sombrios. É uma experiência existencial que lhe permite conhecer a si mesmo, renascer e ser plenamente aquilo que você é. O urso é o sinal da sua evolução.

CAVALO

Estou montado em um cavalo que dispara, não consigo dominá-lo...

O cavalo, como a cobra, é um animal muito popular nos mitos e nas lendas. Ele representa força, impetuosidade, pujança, vitalidade, liberdade, fertilidade e sexualidade. Ele surge tanto das entranhas da terra quanto das profundezas do mar. Representa ao mesmo tempo a morte e a vida, a destruição e a vitória. Acompanha a alma dos defuntos e lhe serve de guia no além.

Se o cavalo é o símbolo do domínio do instinto, não dominá-lo significa que as suas paixões e os seus desejos levam vantagem em suas ações diárias. Você tem dificuldade em dominar as situações e procura sempre tirar vantagem delas. Não se sente plenamente responsável por suas ações e age com impulsividade. Tem dificuldade em antecipar, em aceitar a realidade. Você tem a ânsia de viver e o desejo de usufruir os prazeres da vida no momento em que eles se apresentam. Come aquilo que deseja no momento em que tem apetite e ama satisfazer as suas inclinações naturais. Usufrui a vida, as aventuras sexuais, bebe em excesso e guia sem respeitar a sinalização. Parte do princípio que não se vive mais do que uma vez e que é preciso aproveitar! Ama a diversidade, a aventura. Foge da rotina e não gosta de se sentir ligado a compromissos.

Você se sente livre como um garanhão selvagem e, no entanto, Camus diz: "No limite da liberdade há uma sentença; é por isso que a liberdade é muito pesada para se carregar". Os seus pesadelos falam em subjugar o cavalo que você leva por um caminho perigoso, semeado de egoísmo e prazeres imediatos.

No seu íntimo se instala uma tensão entre valores opostos: liberdade/prazer e autodisciplina/rigor. O cavalo domado representa a sua lucidez quanto às intenções profundas que residem em você. Dessa forma você aprende a procurar o rigor e a perseverança em suas ações mais trabalhosas.

Torna-se o dono do animal, isso quer dizer que é capaz de guiá-lo e que de agora em diante você está em condições de dar um rumo à sua vida. Diferencia o seu desejo essencial da expressão imediata dos desejos materiais. O seu apetite pelo gozo se sacia rapidamente, porque ele não representa a felicidade. O seu inconsciente sabe que suas satisfações escondem um medo recalcado e o adverte com relação ao seu erro vital. A novidade que o excita tanto é uma droga perigosa que faz você fugir dos obstáculos e da dificuldade. O medo de se deixar levar por um cavalo vai fazê-lo reagir. Você extrai da fonte do seu ser para reconstituir o verdadeiro, o belo, o essencial.

CACHORRO

Sou mordido por um cachorro...

O cachorro é um animal fiel ao homem. É o guarda da casa; percebe os perigos invisíveis e monta guarda. Na mitologia, é o guardião do além. Cérbero guarda as almas dos Infernos e devora sem piedade aqueles que tentam forçar a entrada. No xamanismo mongol, Deus criou o homem e a mulher e os deixou sob a guarda de um gato e de um cão. Hécate, a deusa de três cabeças (uma de leão, uma de cachorro e uma de jumenta), era mágica e provocava os pesadelos!

Sonhar com um cão significa para você a necessidade de pontos de referência, de um guardião de limites. Você pode reviver um pavor ligado a uma lembrança. Você já foi mordido por um cachorro ou tem medo disso. Se sente angústia, o inconsciente a traduz em seus pesadelos ao fazê-lo reviver um antigo trauma.

Se não for esse o caso, você pode projetar certos medos sobre esse animal, porque você pode reagir diante do perigo exterior que ele representa. Esse mecanismo de defesa tem o mérito de afastá-lo de sua ameaça interior, como a angústia, e de transferi-la para um objeto preciso e identificável: o cachorro. É mais fácil pensar que o perigo vem do exterior do que de dentro, isto é, de você mesmo. Do mesmo modo, é mais fácil evitar cruzar com um cão do que fugir de si mesmo. Por trás do medo de cachorro (de ratos, aranhas e cobras) se escondem na verdade outros medos. O medo é simplesmente deslocado do seu objeto original para um objeto substituto: o cachorro.

Como isso é possível? O objeto é um meio pelo qual uma pulsão procura atender o seu objetivo: a satisfação da necessidade. É preciso compreender o termo objeto no sentido psicanalítico; pode se tratar de uma pessoa, do seu próprio corpo, de um elemento exterior, interior, abstrato ou concreto. Suas pulsões têm necessidade de se realizar, porque elas criam tensões que o levam a agir. Se a necessidade for simples, como ter fome, o objeto (a alimentação) não tem importância; você vai comer o que estiver ao seu alcance. O objetivo não é preparar uma boa refeição, mas sim alimentá-lo. É uma pulsão de preservação que corresponde aos seus instintos e que resulta na sua sobrevivência. Em compensação, quanto mais complexa a necessidade, mais difícil se torna atingir o objetivo e os meios para sua realização são mais complicados. A nossa organização psicológica funciona de tal modo que, se o objetivo não pode alcançar a sua realização ou se ele é proibido, vai-se investir em outra meta mais de acordo com a realidade ou com a moral. Às vezes, você sabe o que está dissimulado pela fobia: um medo irracional e paralisante de cachorros, por exemplo. Uma razão mais profunda do que aquela invocada por você, mas à qual não consegue dar um nome.

Essa razão chama-se fantasia. Na linguagem corrente, a fantasia é ligada à sexualidade. Na realidade, a fantasia é uma atividade imaginária muito mais ampla que leva a imaginar aquilo que você não pode realizar. É a solução para os seus desejos não saciados. Assim, por trás da fobia, esconde-se um conjunto de representações imaginárias que nasceram de um conflito violento reprimido ou de uma experiência que pôs em risco a sua sobrevivência. É normal que o pesadelo o denuncie.

Se você não tem medo de cachorro, a mordida pode indicar um estado de discordância entre a sua razão e suas pulsões instintivas. Você controla demais a sua vida em prejuízo da intuição e da criatividade? É importante saber que parte do corpo é mordida pelo cão. Se é a mão, reflita sobre o seu simbolismo. Ela representa o seu contato com a realidade? Se for esse o caso, você é muito materialista e aspira intimamente outra coisa. É a mão estendida que não se vê mais? É a mão do mendigo da qual você desvia o olhar? É a mão que manifesta simpatia, o amor ou a amizade? É a mão que dá, que cuida, que acaricia? Se a mão tem esse significado, o amor que você dá é suficiente? O amor é a fonte da vida, você o idealiza demais. Todos aspiram ao amor. O amor romântico vê o ideal do amor como uma pessoa que compreende totalmente a outra e que ama eternamente sem julgá-la. Um ideal como esse é difícil de satisfazer, porque quando você está apaixonado, fica com medo de que os seus defeitos e fraquezas sejam um obstáculo ao amor do outro.

O conhecimento do seu parceiro faz temer um conflito entre o ideal do amor e a realidade. A perda do amor ou a procura de um amor desse tipo faz nascer um sentimento de insegurança que você preenche com o poder e as riquezas que trazem certamente uma impressão de segurança diferente daquela buscada no início. Não limite o amor à noção de casal e de sexualidade satisfeita; amplie o conceito. Não espere pelo amor, não consulte o horóscopo, tarô ou a cartomante para saber em que momento afinal você vai descobri-lo. O cão morde a sua mão a fim de abri-lo para a vida, para o amor. Você pensa de agora em diante em dar amor. Não se encontra mais na condição de espera, você vai em direção aos outros. A sua vida se estende à humanidade toda. Ao se amarem uns aos outros e ao fazerem parte uns dos outros, todos criarão a harmonia. A atitude zen preconiza que "a melhor coisa que posso fazer por mim é descobrir o amor que sinto pelos outros".

É a mão que dirige, comanda, aponta o dedo acusador? Não é ela muito autoritária? Com quem? Mas se o cachorro o morde na perna, tome consciência de que todos os dias você caminha graças às suas pernas. Elas o levam ao destino escolhido e estão associadas à energia. Na linguagem corrente, isso se traduz à exaustão pelas seguintes frases: "Não se sustentar sobre as próprias pernas, ficar com as pernas moles, sentir as pernas pesadas como chumbo, etc.". No seu inconsciente, as pernas são os pilares da sua estrutura interior e o ajudam a percorrer o seu caminho. O que quer revelar a mordida de um cão? Está sentindo que sua energia está baixa? Deixou de lado a sua necessidade de realização psíquica para se dedicar a uma investida desenfreada no que é material? Faça uma análise das contradições: de um lado, o desejo de ser bem-sucedido em sua vida material, de lutar para atingir os seus objetivos, e, de outro, o enfraquecimento causado por esse esforço. A mordida indica essa discordância interior entre a energia que você põe a serviço de suas ambições e o cansaço físico e o empobrecimento interior.

TEMA VI

Caverna, túnel, corredor e esgoto

Na vida intra-uterina, o bebê só se relaciona com a mãe. Vive em perfeita simbiose com ela, imerso no líquido amniótico e embalado por seus movimentos. Alimentado por meio do cordão umbilical, ele se desenvolve como ser único em um universo que o protege do mundo exterior. Ele sente, desde os quatro meses, as carícias através da barriga da mãe. Por volta do sexto ou sétimo mês, ele ouve as vozes do exterior e a música doce o acalma. Se a gravidez transcorre bem, o feto vive numa harmonia perfeita e em condições ideais. Todas as pulsões são satisfeitas. Ele vive numa "fusão cósmica". O parto será um verdadeiro trauma para ele.

O psiquiatra Stanislav Grof realizou, sob o efeito do LSD, experiências transpessoais* com pacientes voluntários. Ele verificou que as imagens descritas pelos pacientes eram semelhantes às dos sonhos. As lembranças evocadas pelos pacientes eram ligadas a eventos biográficos com uma carga emocional respeitável, tal como acidentes, ferimentos, episódios de afogamento, doenças, intervenções cirúrgicas e o trauma do nascimento.

Vindo ao mundo, você venceu o seu primeiro enfrentamento com a morte. Na verdade, Grof estabeleceu uma relação entre o nascimento biológico e as experiências de morte/renascimento. Essa ligação permitiu-lhe definir um nível específico de inconsciente que ele chamou "o inconsciente perinatal". Ele utilizou as fases do parto para explicar as diferentes etapas do trauma. Para ele, o nível perinatal do inconsciente se situa entre o inconsciente individual e o coletivo. Na primeira fase do parto, a produção hormonal e as contrações uterinas vão perturbar o feto.

---

* A psicologia transpessoal estuda a passagem de um estado comum de consciência a um estado modificado de consciência, que forma uma ligação entre o indivíduo e o cosmo e que ultrapassa os limites do ego, do espaço e do tempo.

As contrações musculares empurram o feto para a saída, mas o colo uterino não estando ainda dilatado, a porta permanece fechada! A angústia que ele sente é intensa e ele não consegue identificar a sua origem. Essa primeira experiência é aquela de "sem saída" ou do inferno. O feto tem a impressão de estar preso em uma armadilha. Ele sente a claustrofobia e não pode elaborar nenhuma forma de estratégia para escapar dali. É grande o sofrimento ao saber da sua impotência.

Na segunda fase, as contrações uterinas se seguem, o colo está dilatado e a progressão é possível. Entretanto, o feto não se sente bem. Sente fortes pressões, sente-se empurrado para fora e experimenta muitas vezes uma sufocação intensa. Luta para sobreviver. É por isso que o doutor Grof liga a experiência do nascimento com a da morte. O feto trava um verdadeiro combate morte/renascimento. Nessa etapa, o feto não está impotente. Ele sente que o sofrimento tem uma direção e uma razão de ser. Na última fase do parto, a expulsão, o bebê se vê diante da luz intensa da sala de parto. Quando o cordão umbilical é cortado, a criança é separada da mãe e assim principia a sua autonomia. O nascimento marca a resolução do conflito morte/renascimento.

No começo dos anos de 1970, o americano Leonard Orr elaborou uma técnica de desenvolvimento pessoal chamada *rebirth*, que significa "renascimento". Partindo do trauma do nascimento, o objetivo do *rebirth* é liberar o indivíduo. Para isso, o *rebirth* propõe reviver a experiência do nascimento para favorecer um renascimento, isto é, um novo começo. O indivíduo descobre a vida estando livre do choque emocional e físico do seu nascimento. O *rebirth* permite realizar um trabalho de integração e não mais de recalque. A pessoa se entrega à vida passando por todas as emoções e experimentando-as, sejam elas boas ou ruins. Quanto mais uma emoção negativa é sentida, mais a tensão diminui. A integração é saber aceitar a situação tal qual ela é e não como você gostaria que ela fosse, de acordo com uma norma nascida do seu imaginário.

A sua percepção de felicidade depende da sua comparação entre o ideal e a realidade. O ideal se nutre da simbiose que você viveu com a sua mãe enquanto era um feto. Quando um dos seus desejos se realiza, muitas vezes você sente a sensação de ter-se decepcionado. A culpa da sua insatisfação é da escala de comparação que você elabora inconscientemente. Essa comparação não é objetiva, ela permanece integrada à impressão de beatitude da sua vida intra-uterina. Os alcoólatras e os drogados procuram essa sensação paradisíaca, esse estado de flutuação. Eles estão num estado de dependência idêntico àquele do feto em relação à mãe, onde o conteúdo e o continente constituem um só. Você pode chegar a esse estado de isolamento na doença, na depressão e no mal-estar para não sentir mais falta da fusão passada. É possível refugiar-se na doença para não ser confrontado com a realidade das pessoas com boa saúde.

Em vez de mudar de trabalho e enfrentar o mercado de trabalho, você permanece no interior da sua casa, um lugar protetor semelhante ao ventre da sua mãe. Dividido entre o desejo de partir e o medo do desconhecido, você criou uma tensão tão forte que ela o faz ficar doente. Você fica submerso em seus problemas, porque se sente reconfortado; resolvê-los vai fazer com que você os expulse, e essa expulsão é mais dolorosa que a problemática que está vivendo.

Simbolicamente, cada vez que aborda uma mudança, você atravessa uma etapa semelhante ao nascimento. Assim, crescer exige que você se liberte daquilo que o instala em uma falsa segurança. Depois do nascimento, o bebê vai reencontrar os momentos de prazer e de fusão na amamentação e na presença da mãe, depois conhecerá a frustração quando ela não responder aos seus desejos. Esses primeiros desejos e essas primeiras frustrações são a base da construção da sua personalidade. Quando fica preso às suas crenças, você não cresce porque fica apegado ao passado.

Preso em suas fantasias, você interioriza os seus sentimentos como se quisesse reter a sua mãe na parte mais profunda de si mesmo. Você submerge em sua própria problemática sem poder se expressar, racionalizar e passar a agir. Os seus primeiros laços com sua mãe podem criar dependências como o desejo de tomar bebidas alcoólicas, para reencontrar um estado melhor do que aquele em que você está quando sóbrio, ou a necessidade de fumar. Você pode igualmente se comportar como um ser frágil (uma criança), o que cria um relacionamento protetor (como uma mãe) em relação ao outro: uma doença que permite reproduzir o encerramento no ventre da mãe. As suas relações com os outros vão se construir segundo o modo desenvolvido no correr da infância com seus pais. O estado da sua saúde psicológica passa pela integração da imagem da sua mãe. Aquela que lhe deu a vida, fez você conhecer a experiência do Todo, em que você tinha a impressão de estar ligado com a humanidade inteira e o divino.

O papel do pai permite a identificação do menino e a separação da fusão materna. Mal integradas, essas etapas podem ter conseqüências sobre o seu equilíbrio psicológico e somático. Você pode se moldar em meio a ilusões, viver uma sexualidade difícil ou adotar comportamentos autodestrutivos e voltados para o fracasso como se houvesse perigo em realizar-se, em existir. Você pode se fechar na doença que o protege indiretamente da realidade, enfurnar-se em roteiros mórbidos, no papel de vítima. Se permanecer ligado às suas dependências, você se arriscará a perder o adulto que deveria ser para manter viva a criança que está em você, enclausurada em seus medos primitivos. É preciso saber morrer diante das estruturas do pai e da mãe para renascer em sua própria afirmação.

CAVERNA

> *Eu entro numa caverna, está muito escuro, não vejo nada; sinto uma presença perigosa, tenho medo, mas sou incapaz de reagir...*

A caverna, a gruta e todos os lugares sombrios representam o ventre da mãe. Nos mitos primitivos, os meninos devem, na puberdade, penetrar no ventre de um monstro para realizar uma regressão à condição de feto. Eles reaparecem como homens e iniciados. Deixam assim para trás a infância, reatando com a criação do mundo, que vem, ele mesmo, das trevas. Um mito polinésio conta a história de Maui, que entra no corpo de um gigante, Hine-nui-te-po. Assim que ele se prepara para sair, os pássaros começam a rir e acordam o gigante. Ele fecha os dentes e corta em dois o herói, que morre imediatamente. Os maoris explicam assim a mortalidade do homem. Os pacientes do doutor Grof guardam do momento da primeira fase do parto lembranças de monstros terríveis desejosos de abatê-los.

A fêmea do caranguejo ou o mexilhão gigante encarnam o princípio feminino ameaçador e perigoso. Em todos esses mitos, a passagem do herói pelo ventre de um gigante e sua saída equivalem a um segundo nascimento. O herói simboliza o ego* e sua história conta como ele descobre as suas forças e fraquezas, de provação em provação. Uma vez que tenha dominado o seu ego, o herói morre sacrificando-se num gesto que mostra que ele chegou à maturidade.

A idéia de provação subsiste como aquela que é vivida no nascimento. O nascimento representa a dualidade e a oposição. Durante a vida fetal, o bebê é um só ser com a mãe. Depois do parto, eles se tornam dois seres separados. A criança tem a impressão de ter deixado uma parte de si quando sai do ventre da mãe. Quando nasce para a vida, o ser carrega consigo a lembrança nostálgica de um estado de simbiose exemplar. A religião fala dessa perda ao fazer referência ao paraíso perdido. Os mitos evocam o início da viagem do herói. Subsiste no homem a nostalgia do paraíso e da fusão perfeita. Nascendo, você viveu a falta, o abandono, o stress e a solidão. A realidade é diferente daquilo que você experimenta. Não está mais só, a sua mãe está perto de você e, além do mais, é amado por toda a família. Na sua vida, acontece que, ao ser rejeitado por uma só pessoa, você sente que não é mais amado. Sente-se só, abandonado por todos. Você revive o mesmo roteiro do nascimento, o mesmo sentimento de abandono e de perda. Reproduz o trauma vivido no nascimento. Da

---
* Ego: outro nome para Eu.

mesma forma que a caverna é habitada por monstros perigosos, o seu inconsciente permanece marcado por sua vida fetal.

Ainda que a gravidez seja cada vez mais desejada do que involuntária (graças aos anticoncepcionais), as mulheres não vivem todas as etapas da gravidez em estado de plenitude. Para algumas, a condição de vida precária ou a vivência psicológica difícil durante a gravidez vão acarretar ao bebê, depois ao adulto em que ele vai se tornar, lembranças intra-uterinas negativas. A gravidez pode reviver na mãe conflitos da infância e um sentimento de inquietação ligado ao seu futuro papel de mãe, à transformação do seu corpo, ao parto e à normalidade do bebê.

O feto é sensível às emoções da mãe, assim como também aos medicamentos e às drogas absorvidas durante a gravidez. Todos os acontecimentos indesejáveis que surjam durante a gravidez e que comportem um risco para o feto ficam gravados nele. Nesse caso, as lembranças intra-uterinas serão negativas. A vida dentro do líquido amniótico (que lembra a vida aquática) não se parece com um oceano de segurança e nutrição. Em seus pesadelos, ela toma a forma de perigos submarinos ou de água contaminada. A natureza não tem características de beleza, ela é inóspita e povoada de demônios.

TÚNEL E CORREDOR

> *Estou sendo perseguido por um assassino, percebo um túnel no fim da rua, tenho medo de entrar nele, o bandido se aproxima, eu me decido e corro em direção à luz que vislumbro ao longe... Caminho por um corredor escuro, o meu coração bate a toda, pressinto um perigo, tenho medo, começo a correr...*

O túnel e o corredor dos seus pesadelos, em que você segue adiante atemorizado, são semelhantes ao percurso que você empreendeu antes de nascer. Quando do parto eutócico*, o feto passa a cabeça em primeiro lugar. Ele está encaixado na bacia óssea que se distende muito pouco.

---
* Eutócico: parto que se desenrola normalmente.

Ele precisa flexionar a cabeça e colocar o queixo contra o peito antes de começar. Ele deve percorrer os três estreitos da bacia: o estreito superior, o estreito médio e o estreito inferior.

Para atravessar o estreito superior, o feto se põe em posição oblíqua; para o estreito médio, ele faz uma rotação. Ele se livra enfim pelo estreito inferior: o orifício sendo muito apertado, ele precisa empurrar o cóccix para trás para aumentar momentaneamente a passagem. As contrações permitem em seguida a travessia do assoalho perinatal que segura a vagina e deixam que a cabeça apareça. Ele endireita a cabeça e começa a sair. Uma pressão suave da mão impede que ele saia muito rapidamente. Graças a uma nova rotação, o feto posiciona os ombros para livrá-los rapidamente, um após o outro. Ao reviver essa progressão fetal, os pacientes de Stanislav Grof evocam as correntes intensas de energia simbolizadas pelos sismos, tornados, tempestades, aventuras perigosas, cenas de guerra, bombas atômicas ou mísseis. O corredor é um local de circulação que o leva de um lugar a outro, de uma existência subterrânea a uma vida em pleno dia.

Por que você tem medo de percorrê-lo? A que mudança ele vai conduzi-lo? O fim do corredor o conduz ao desconhecido. Qual é ele? Tudo o que é estranho inspira medo. A sua progressão é temerosa porque está semeada de dúvidas.

Como acontece com o feto, uma energia o empurra para a frente e você desconhece o lugar para onde vai. O feto se dirige para a vida, e você, para onde vai? Em direção a uma evolução, mesmo que se agarre desesperadamente ao seu universo. O corredor representa as suas resistências. O túnel é igualmente um lugar de passagem. Vai da escuridão para a luminosidade, o mesmo caminho empreendido pelo feto. Recorda as dificuldades de todos os nascimentos. A luz no fim do túnel é tranqüilizadora. Você deve se soltar, abandonar-se e não querer controlar tudo. O seu ser aspira a uma dinâmica de transformação, entre no túnel! Não tenha medo, a luz é o seu guia e a sua esperança como a vida que ela simboliza.

ESGOTO

Eu me arrasto por um esgoto e o seu interior é sujo, desagradável; o cheiro é insuportável; cruzo com ratos enormes, repugnantes; quero sair desse lugar...

Os esgotos dos seus pesadelos se assemelham ao momento da expulsão, quando o feto entra em contato com sangue, urina, mucosidades e mesmo excrementos. Os pacientes do doutor Grof viam imagens que excediam a realidade da vivência fetal dando a impressão de "se deitar em excrementos, sujar-se nas fossas sépticas, rastejar nos detritos, ingerir matéria fecal, beber sangue e urina". Sair do esgoto é um ato de nascimento. Quando a criança vem ao mundo, ela está suja; os resíduos da placenta e do sangue estão colados à sua pele. Os seus pesadelos, apesar de assustadores, carregam um esforço positivo. No fim do esgoto, essa passagem estreita que você aborda na posição fetal deve ser transposta a fim de que você possa renascer.

ESTRANGULAMENTO

As mãos do homem fecham-se em volta do meu pescoço, sinto que morro estrangulado...

A garganta é um lugar de passagem (nutrição, voz, ar). Se você não se alimenta, não pode viver. A garganta é também um lugar de vida. Sentir-se estrangulado revela a sua apreensão. Na linguagem corrente, emprega-se a declaração inconsciente "sentir um aperto na garganta" para descrever a angústia; "estar com a corda no pescoço" para exprimir ameaça e "salvar o próprio pescoço" para expressar a saída de uma situação problemática. Sonhar que está sendo estrangulado remete a uma situação difícil que o está oprimindo, seja ela conjugal, familiar, social ou profissional. Você é capaz, ao acordar, de identificar e visualizar as soluções para torná-la mais suportável, até mesmo agradável. O pesadelo envia um grito de alerta, que você deve ouvir e ao qual deve atender.

Se sonha que está estrangulando alguém, deve identificar a pessoa representada: o pai, a mãe, o irmão, a irmã ou, ainda, a característica da sua personalidade que quer ver desaparecer. Não pode mais aceitar que uma pessoa do seu círculo controle constantemente a sua vida, que ela não o respeite, invadindo o seu jardim secreto. O pesadelo mostra a sua cólera, já que você está prestes a estrangular esse indivíduo, isto é, a pôr um fim na vida dele para permitir que a sua desabroche. Deve pensar sobre um modo de se distanciar dessa pessoa, de estabelecer limites. Deve se afirmar mais e não achar que a pessoa em questão vai gostar menos de você por ter estabelecido o seu território. Ninguém deve ditar a você o que deve fazer, menos ainda a maneira de se prender a isso. Se você se submete à autoridade de outro, o relacionamento de vocês não passa de uma relação de patrão e escravo. Ora, você é capaz de agir e pensar por si mesmo. Aprenda a dizer não às exigências dessa pessoa, a expressar o que sente. Dessa maneira, quando ela apresentar o seu ponto de vista, você poderá vê-lo como um item de reflexão e não como uma ordem. Pode ser que você deseje estrangular o patrão para se libertar de suas correntes e não para livrar-se de um amigo que lhe oferece soluções.

Estrangular significa fazer silenciar. O que deseja calar em si mesmo? Qual é a sua parte que está em conflito com o resto da sua personalidade? O seu desequilíbrio interior toma forma nesse desejo de estrangular. Ele revela o seu mal-estar.

SUFOCAMENTO

Um sujeito mantém um travesseiro sobre o meu rosto, sinto que vou sufocar...

Se você não cobriu voluntariamente a cabeça com o acolchoado, enrolou-se no cobertor ou adormeceu com o travesseiro sobre a orelha por causa do barulho dos vizinhos, o pesadelo tem um significado outro que não o fisiológico. O sufocamento descreve o fato de não poder se expressar livremente, de estar sendo monopolizado ou literalmente devorado pelos outros. Descubra a origem dessa sensação. Ela está dentro ou fora de você?

As suas emoções o invadem e você não chega a expressar a sua raiva, o seu ressentimento, a sua dor... Você é incapaz de falar daquilo que o fere? As palavras que você sufoca se transformam em sofrimento e a carga do silêncio se torna cada dia mais pesada. Tem medo da reação dos outros ou da crítica que possam fazer. Antecipa as respostas deles e, em conseqüência, não se comunica mais. Você se cala e o silêncio o asfixia.

Sente-se obrigado a satisfazer as exigências dos outros (seu cônjuge, seus filhos, seus colegas, seus amigos, seus pais idosos)? Eles lhe dizem ou o fazem sentir que precisam de você, que você é a muleta em que podem se apoiar. Atraem toda a sua atenção e absorvem todo o seu tempo livre. Talvez o amor deles seja um patrão tirânico e possessivo que o sufoca. O amor de outra pessoa não deve fazê-lo prisioneiro. Amar não é prender o outro, prendê-lo a ponto de asfixiá-lo para poder tê-lo só para si. Se o amor fosse um lugar, seria um jardim maravilhoso sem porta nem barreiras e o tempo não transcorreria além do momento presente. O espaço infinito dá liberdade a todos, a liberdade de se realizar e a liberdade de encontrar o outro com o prazer sempre renovado do primeiro encontro. A união impõe ao casal um cortejo de deveres e de modo de vida. Esse casal é frágil, porque quando uma das regras é modificada (partida dos filhos, aposentadoria, dificuldades financeiras), a sua estrutura organizacional pode ficar desequilibrada e desabar. O amor desabrocha cada um na relação com o outro. O amor faz cada um desabrochar na sua relação com o outro. O amor dá e recebe. O amor ama o outro por aquilo que ele é. O amor asfixia quando alguém impõe o seu desejo, seu ciúme ou seu ideal de amor exigindo que o outro mude. Na relação amorosa, um dos cônjuges pode sentir necessidade de se apossar do outro, simplesmente por medo de perdê-lo.

Se você se sente sufocar em seus relacionamentos, você é vítima da violência afetiva dos outros. Eles o aprisionam em seus sentimentos de substituição ao se pôr em seu lugar para decidir aquilo que é melhor para você. Possuem uma infinidade de armas para agir em represália: zanga, gestos de reprovação, recusas de todo tipo, lágrimas ou ironias, etc. Eles vão fazer chantagem a fim de que você se submeta a seus desejos. Se não responder às exigências deles, concluem que você não os ama mais. Chamam isso de "prova de amor". Você tem consciência de que essas exigências são pesadas e que não fez nada para se aliviar desse peso.

Você é uma vítima consentida? Por acaso o medo do outro não ecoa o seu próprio medo? A necessidade dos outros não o tranqüiliza com relação ao seu valor pessoal? Você é assim tão sólido quanto os outros o fazem crer? Essa necessidade das outras pessoas obriga você a não decepcionar. Essa obrigação de estar sempre à altura do que se espera o leva talvez a ser sempre do modo como os outros o vêem. Você se perde no olhar dos outros, pior, você sufoca sob essa imagem. Tente se definir, saber o que pode dar e até onde quer chegar. Pode responder aos pedidos alheios sem se submeter para isso a todas as suas exigências. Imponha os seus limites e aprenda a dizer não. É um primeiro passo para a autonomia. Aprenda a reservar momentos de liberdade. Você entende os outros, compreende os seus problemas, mas não está lá para resolvê-los no lugar deles. Pode encorajá-los e ajudá-los, mas não deve se sentir culpado por não carregar as responsabilidades deles, porque cada um é o artífice da sua própria vida. Não responsabilize os outros pelo que lhe acontece e nem lhes dê esse poder sobre você. Isso não põe em questão a solidariedade entre as pessoas nem a compaixão, mas essa perspectiva permite pensar que todo indivíduo está apto a se realizar.

TEMA VII

Elementos

"Quem não conhece os elementos, a sua força e as suas propriedades não se tornará jamais senhor dos espíritos..."

Goethe

O termo latino *elementa* designa os quatro elementos: o Fogo, o Ar, a Água e a Terra. Tales pensava que o mundo vinha da água e Heráclito, que ele saíra do fogo. Anaxágoras dizia que o Sol era uma massa de fogo incandescente e Demócrito, que tudo vinha dos átomos. Devemos a Empédocles, em meados do século V, a doutrina dos quatro elementos: "A Terra é o princípio e o suporte do estado sólido e da aridez. O Ar, do estado volátil e gasoso. O Fogo, mais sutil, corresponde ao mesmo tempo à noção de fluido etéreo, suporte simbólico da luz, do calor, das afinidades e à noção extraordinária do movimento das partículas e dos corpos". Para Platão, os quatro elementos se produziram "da Água em pedra e terra, do Ar inflamado em fogo, do Fogo extinto em ar, do Ar em água..."

Segundo a filosofia da Cabala, a energia da vida passa por quatro estágios de manifestações chamadas "mundos", que correspondem aos quatro elementos da natureza. O Fogo é o mundo da emanação; a Água representa o mundo da criação; o Ar é o mundo da formação e a Terra representa o mundo da ação e da matéria.

A filosofia chinesa do Hong Fan (o mais antigo tratado chinês de filosofia) ensina que existem cinco elementos: a Água, o Fogo, a Madeira, o Metal e a Terra. A Água umedece e se precipita; o Fogo queima e tende para o alto; a Madeira se curva e se refaz; o Metal obedece e muda de forma e a Terra é semeada e dá frutos.

ÁGUA

Seria necessário, para ser preciso na interpretação, empregar o plural e falar de "águas", porque a água não tem um aspecto único. Ela é água da chuva, do rio, da maré, do mar, do lago, do tanque...

A água é força de vida e necessidade básica do homem. A chuva molha a terra para torná-la fértil; o feto vive dentro do líquido amniótico, água nutritiva e protetora, e o mar hospeda a flora e a fauna. Zeus fecunda Dânae sob a forma de uma chuva de ouro. A água que cai do céu é bendita, segundo o Alcorão.

A água é o sinônimo da saúde e da longevidade. Tem poderes medicinais, seja ela bebida (cálcio, potássio, magnésio, sódio) ou em banhos, como na prática de tratamentos com águas termais.

A água tem uma ação purificadora. Mais do que limpar o corpo, ela purifica a alma. O batismo na água praticado por João Batista, o profeta, é uma cerimônia que permite a cada um renascer para a vida essencial. O Evangelho narra que vindo do deserto da Judéia, João Batista preparou o povo de Israel, nas águas do rio Jordão, para receber a palavra de Jesus: "Eu vos batizo com água, mas eis que vem aquele que é mais poderoso do que eu, a quem eu não sou digno de desatar as correias das sandálias; ele vos batizará no Espírito Santo e no fogo".

Em contraste, o deserto é o mundo onde a vida desaparece em proveito de uma areia instável e estéril, levada pelo vento. Para Paul Diel, a cerimônia do batismo significa "a morte do velho Adão, sendo Adão o símbolo do apego exaltado aos desejos terrestres". Na prática católica, o batismo é o primeiro sacramento. Ele faz da criança ou do adulto que o recebe um membro da Igreja. A água batismal vertida sobre a cabeça da criança a purifica e a admite na comunidade dos cristãos. Jesus, ao pedir para ser batizado por João Batista, esposa a história de todo um povo e funda o rito batismal. Perto do poço de Jacó ele se apresenta à mulher samaritana como a fonte da salvação: "Todo aquele que beber desta água tornará a ter sede; mas aquele que beber da água que eu lhe der jamais terá sede, porque a água que eu lhe der virá a ser nele fonte de água que jorrará até a vida eterna".

Na Índia, é sobre as águas primordiais que repousa o lótus onde nascem os deuses Brahma, Varuna ou Vishnu. Em muitos outros mitos, o lótus é considerado tanto como leito do nascimento como leito nupcial dos deuses. O lótus que vive na água se reproduz em si mesmo sem ser nutrido pela terra. Ele é o símbolo do desenvolvimento do homem, que deve extrair dele mesmo o seu desabrochar a fim de alcançar a sabedoria. As cosmogonias védicas explicam: "No princípio, na verdade, havia ali somente as Águas, a Onda. As águas deixavam a desejar: como então se poderia procriar? Elas fizeram um esforço, arderam o ardor Nelas... um ovo de ouro se desenvolveu. O ano então não era nascido, mas esse ovo de ouro flutuou tanto tempo quanto dura um ano. Em um ano, entretanto, um homem se desenvolveu: Prajapati".

No Egito, antes do nascimento dos deuses, não existia nada além das águas do Noun. O início dos tempos ocorreu com o jorro da terra. Uma outra imagem do início das eras é a do lótus que surge das águas, carregando a criança solar. Entre os maias, teria havido uma sucessão de mundos antigos antes da criação do mundo atual. Os deuses se manifestavam nas montanhas, nos rios e no céu. No taoísmo, as diferentes fases de evolução do homem estão associadas aos cinco sopros: a Madeira, o Fogo, o Metal, a Água e a Terra. A Água produz a Madeira; a Madeira, o Fogo; o Fogo, a Terra; a Terra, o Metal e o Metal, a Água. Os cinco agentes se sucedem e formam um ciclo. Essa evolução contém nela mesma o ciclo da destruição: Água contra Fogo, Fogo contra Metal, Metal contra Madeira, Madeira contra Terra e Terra contra Água, que darão lugar por sua vez à renovação.

A água dá a vida, mas a retoma em seguida. Ela impulsiona as culturas, aplaca a sede, lava, purifica e traz a morte pelo afogamento, a inundação e o dilúvio. A água comanda o início, mas igualmente o final. Você viu, quando se tratou dos pesadelos com barcos, que a destruição da humanidade já ocorreu com o mito judeu-cristão do dilúvio. O dilúvio não destruiu todos os homens; ele permitiu a aparição de uma nova humanidade. A idéia da falta cometida pelo homem que provocou a ira do ser supremo está na origem do dilúvio. No Alcorão, a surata XI nos diz isto: "Noé recebeu a revelação: o seu povo não vai acreditar em você, a não ser aqueles que já crêem. Não se aflija com o seu comportamento, construa a arca sob Nossos olhos e segundo a Nossa inspiração. Não Me importune com relação aos iníquos: eles ficam submersos".

O dilúvio é o tema mais freqüente dos cataclismos míticos, do caos do mundo. Na Mesopotâmia, Utanapishti foi salvo do dilúvio primordial provocado pelo deus soberano Enlil ao se abrigar em um grande navio em forma de cubo perfeito que o deus da sabedoria Ea lhe havia sugerido que construísse. Quando as chuvas cessaram, ele enviou uma andorinha e um corvo que não retornaram. Tendo encalhado em uma montanha, ele apresentou um sacrifício de animais para os deuses esfomeados. Sem a humanidade, os deuses ficariam privados de toda a subsistência. Uma vez saciado, Enlil ficou enraivecido e, para acalmá-lo, sua mãe lhe propôs que limitasse o crescimento da humanidade graças à morte. Somente Utanapashti e sua mulher tornaram-se imortais e foram enviados para além do mar e da morte, "lá onde todos os rios se unem".

Na Grécia, Zeus, irritado com a perversidade dos homens e com os seus crimes, envia o dilúvio sobre a terra. Somente sobreviveram Deucalião e sua mulher Pirra, graças a Prometeu que os havia aconselhado a se abrigar do dilúvio em um cofre de madeira que flutuou sobre as águas. A humanidade se reconstruiu graças a eles, que lançaram atrás de si pedras, os ossos da mãe terra. As pedras lançadas por Deucalião deram vida aos homens, e as de Pirra criaram as mulheres. A pedra é o símbolo do homem cuja consciência despertou.

A pedra, objeto da pesquisa dos alquimistas, designa a matéria quando ela é "Pedra dos filósofos" e a obra é concluída com perfeição quando ela se chama "Pedra filosofal". A Pedra angular é a pedra fundamental do templo. Ela é Simão tornado Pedro sobre quem Jesus construirá a sua Igreja.

Na Índia, no século VII a.C., um peixe, na verdade o deus supremo Vishnu, advertiu Manu do dilúvio. Ele construiu uma embarcação que carregou com "a substância de todas as coisas". O peixe puxa o barco para o Norte até o escoamento das águas. No Irã, o fim do mundo é o resultado do derretimento das neves. Na China, os filhos da abóbora, citados no tema do dente, foram salvos quando as águas baixaram. Uma vez adulto, o irmão pede à irmã que se case com ele. Quando ela dá à luz uma bola de carne, eles a cortam em postas. Sobem a escada que leva ao céu e o vento dispersa os pedaços sobre a terra. E assim a humanidade se reconstruiu.

Todos os mitos, quer tratem de dilúvio ou de incêndio, exprimem a degradação do cosmo exigindo a sua destruição e sua recriação. H. B.

Alexander escreveu que, de acordo com os cherokees, "quando o mundo ficar velho e gasto, os homens morrerão, as cordas se romperão e a terra afundará no Oceano". Encontra-se com freqüência essa idéia "de uma terra saciada e cansada de devorar tantos cadáveres", do esgotamento cósmico necessitando da destruição para ser recriado. Essa terra é matriz e, na Bíblia, as águas do Mar Vermelho se separam para que nasça o povo de Deus. Os hebreus deixam a terra da escravidão para entrar na Terra Prometida.

Estou nadando e, de repente, sinto que a água me lança nas profundezas, tenho a impressão de que vou me afogar...

A água nesse pesadelo não tem virtudes benéficas. Ela traz a idéia de perigo, do desconhecido que habita as profundezas e convida imediatamente a pensar sobre o inconsciente. Esse sonho o faz compreender que, se você ceder ao pânico, vai afundar e morrer. A água tem uma abordagem simbólica diferente quando está viva, clara e correndo como a do rio, das fontes e do mar, e quando está escura e estagnada como nos charcos e nos tanques.

As águas pantanosas guardam as mágoas inconsoláveis em que você se afoga. Você não viveu o seu luto quando da perda de um ente querido, não aceitou os fracassos ou as decepções passadas. Permanece atolado no sofrimento. Jung atesta que o termo *mar* em ariano significa "morrer" e que seu radical se encontra em numerosas palavras, como "mãe" e "morte".

A água agitada significa desordem. Afogar-se indica que você está submerso em seu caos interior. Você vive atualmente uma situação difícil que não está enfrentando? Já viveu anteriormente e continua se sentindo magoado por um impasse como aquele em que se acha agora? Perdeu uma pessoa querida? Você não chega a empregar os gestos que o mantinham boiando, não consegue mais chegar à margem da felicidade e se deixa levar por seu sofrimento. A morte de alguém é uma dor terrível e o remete à idéia da própria morte. Você se sente impotente e afunda, renunciando à luta. Não tem mais gosto por nada, e toda a sua energia é monopolizada pela dor. Você reinveste em cada um dos seus sofrimentos. A vida o chama, quando você toca o fundo, a dar um grande impulso com os pés para voltar à superfície. Você aprende graças à experiência e é ela que lhe permite adaptar-se ao universo. Ela o força a agir. Exige que se esforce para chegar à sua realização. Se os seus pesadelos o fazem afundar, aprenda a reagir contra as emoções negativas que estão em você.

A imersão na água simboliza o ventre materno e a nostalgia do líquido amniótico. Você sente a necessidade de reencontrar essa harmonia primitiva quando, ainda um feto, formava um todo com a sua mãe? É uma busca do amor ideal? Você procura desesperadamente uma pessoa com quem viva em simbiose. Está num período de desestabilização que lhe dá o desejo de ser protegido? O que está na origem desse desejo de fusão? A água remete aos sentimentos porque ela tem a função de criar e de juntar as coisas entre si. Se você se sente afundar, é porque tem dificuldade para estabelecer relações de amizade ou amorosas, embora sinta uma necessidade real disso.

É a sua sensibilidade exagerada ou o ciúme excessivo que o torna vulnerável? O amor é uma fonte que lhe dá vida e você deve estancar nele a sua sede, sentindo toda confiança. Se não conceder ao outro a confiança e o respeito por sua liberdade, vai viver no medo da infidelidade, do abandono. Você é vítima dos seus próprios pensamentos. Se à menor observação você passa a questionar o seu par e o faz mergulhar na depressão, falta-lhe confiança em si mesmo.

Essa água cheia de vida, que se apresenta sob a forma de mar, cachoeiras e jatos, evoca, a esse título, a mãe. "Quando lá no alto o céu não tinha nome", diziam os babilônios, o Oceano de água doce, Apsu, e Tiamat, o mar salgado, juntaram suas águas para criar o Céu e a Terra. As suas relações com a sua mãe são asfixiantes ou agressivas? De que maneira você se comunica com ela? Esse afogamento pode incentivá-lo a refletir sobre o modo de abordar os conflitos. Você tem tendência a se afogar em um copo d'água ou a fugir, isto é, a não ouvir as suas próprias necessidades e sentimentos, o que acaba por deixar que os outros decidam em seu lugar? Como o nadador, você está sendo levado pela correnteza e um dia vai perceber que não é mais dono da sua vida. Deve atingir a autonomia para que outro (talvez a sua mãe) não venha a preencher as suas carências. Será essa independência que o impedirá de afundar.

A água pode ser iniciática, ela é a prova que o encaminha. Ela é renascimento. Você morre por fora para reviver melhor por dentro. É puxado para as profundezas do seu ser para emergir na direção de uma luz mais intensa.

FOGO

As chamas do fogo são belas, fascinantes e perigosas. Como a água, o fogo simboliza ao mesmo tempo a vida ardente, por seu calor e seus raios, e a destruição, porque queima e destrói tudo à sua passagem. Essa destruição é seguida de um novo nascimento. "O fogo está para a lenha como a alma está para o corpo, passa para outra lenha como a alma passa para um novo corpo. O fogo se propaga sem se extinguir, a vida continua sem cessar", afirma Chuang-Tzu. Na Antigüidade, o sol era o pai do mundo. Era o símbolo do poder criador, o fogo celeste, a chama nascida da chama. Os astecas imaginaram que o início da vida era atribuível a Ometecuhtli, uma criatura ao mesmo tempo macho e fêmea que gerou os quatro Tezcatlipoca, o deus da chuva e a deusa da água. Os deuses disputaram o poder entre si e destruíram quatro eras de sóis sucessivas: Sol Quatro-Jaguar, Sol Quatro-Vento, Sol Quatro-Chuva, dominado por uma chuva de fogo, e Sol Quatro-Água que inundou o cosmo e deu vida aos peixes. Depois desses cataclismos nasceu o quinto sol a partir de um grande braseiro, mas esse era imóvel. Os deuses ofereceram o seu sangue para que o sol pudesse girar. Esse mito era a justificativa para os sacrifícios humanos quando da festa do fogo novo. Antes do começo do ano novo, os astecas extinguiam todos os fogos e jogavam na água as imagens dos deuses. Para evitar o fim do mundo, os sacerdotes ofereciam em sacrifício o coração de um homem.

O fogo é a primeira conquista do homem, e essa dominação constitui o signo da supremacia do homem sobre o animal. O fogo marca o ponto de partida da humanização propriamente dita e o nascimento da consciência humana. O homem, ao dominar o fogo, desenvolverá ao mesmo tempo a ferramenta e a sua inteligência. Os mitos relatam a forma pela qual os heróis conquistaram o fogo pela astúcia. Na Grécia, Prometeu, comovido pela fragilidade humana, roubou o fogo dos deuses do Olimpo para dá-lo aos homens. Esse fogo lhes permitiu não somente se impor à terra, mas também civilizar-se. Prometeu deu à humanidade "a instrução nas artes e uma inestimável fonte de prosperidade". Na Amazônia, é um adolescente que subtrai o fogo de um jaguar que o tinha salvo. Na Oceania, Maui furta o fogo para entregá-lo aos homens. Na América do Norte, é a Aranha das Águas que realiza essa proeza. Na África, são os animais que dão o fogo à terra: cachorro, chimpanzé e louva-a-deus.

O fogo que aquece e fecunda é naturalmente associado à sexualidade. Os poetas o empregam para falar da paixão amorosa; o fogo do amor é fortemente utilizado na arte pictórica. O amor põe fogo nas faces e você se sente consumido pelo fogo.

Deusa do fogo e do lar, Vesta é o fogo benéfico, símbolo da força e da estabilidade. Na casa romana, a lareira familiar não deve jamais se apagar. No templo de Vesta, o fogo materializa a sua presença, não existe mais a representação figurada da deusa. A água, o elemento contrário, não deve estar dentro do templo. Na Grécia, o fogo é representado por Héstia, a protetora das famílias e da Cidade. Na Índia, o deus do fogo é Agni. No céu, ele é o sol e a claridade; na terra, ele é o fogo do altar e da lareira.

A prática agrícola da queimada acentua a ligação entre o fogo e a fertilidade. Não é por acaso que o deus ferreiro Vulcão, deus latino do fogo, é o marido de Vênus, deusa da fecundidade e mãe de Cupido, deus do amor, que muitas vezes aparece carregando uma tocha além do seu arco!

O fogo se encontra nos santuários do mundo inteiro. Ele significa a presença sagrada, a luz, a manifestação de Deus. O evangelho relata a maneira pela qual o Espírito Santo desceu sob a forma de fogo sobre os apóstolos reunidos em Jerusalém com pessoas de todas as nações: "E chegado o dia de Pentecostes estavam todos reunidos no mesmo lugar; e de repente veio do céu um ruído, como de um vento impetuoso que encheu toda a casa em que estavam reunidos. E foram vistas por eles línguas repartidas, como que de fogo, as quais pousaram sobre cada um deles. E todos ficaram cheios do Espírito Santo..." Eles falaram então uma língua que todas as nações compreendiam, sem dúvida a língua falada antes da Torre de Babel.

O fogo fulgurante é o símbolo da purificação, de um novo nascimento: você é dado à luz. A Fênix é uma ave mítica de beleza extraordinária que queima a si mesma numa fogueira e renasce das cinzas. Ela é o símbolo da imortalidade. A incineração é utilizada por numerosas sociedades como ritual funerário.

No texto da tábua de Esmeralda, de Hermes Trismegisto, lê-se o seguinte: "Você separará a Terra do Fogo, o sutil do espesso, suavemente e com grande habilidade". Essa manipulação do fogo faz parte da busca do alquimista, cuja característica não é simplesmente transformar os metais em ouro, mas separar o puro do impuro, o completo do incompleto. A sua natureza é ao mesmo tempo material (transmutação de metais) e espiritual (alma do mundo). O procedimento exige do neófito, na sua procura pelo impossível, pesquisas penosas, o despertar interior e a iluminação. A alquimia integra a dificuldade da decifração dos escritos como um trabalho necessário para preparar o leitor para receber as informações. *A Grande Obra Alquímica*, de Rubellus Petrinus, narra que a missão primitiva da humanidade seria terminar a obra da natureza e lhe dar um sentido graças à existência do homem: "Liberar o espírito pela matéria, liberando a própria matéria pelo espírito".

O seu trabalho de tradução dos pesadelos lembra aquele do alquimista em sua procura do simbolismo e das correspondências análogas. Ele permite o acesso à verdadeira consciência e a mobilização de todos os seus recursos. Como a transmissão do segredo alquímico, as suas tarefas devem se concluir na solidão do estudo. Você não se vale das receitas estabelecidas pelos outros; chega ao conhecimento por si mesmo. Você é a matéria e o espírito. Esta obra lhe dá as indicações de como começar, como se faz em toda a iniciação. Cabe a você ir adiante em direção à realização de si mesmo.

Minha casa está pegando fogo; estou cercado pelas chamas...

O incêndio expressa uma angústia de destruição. O fogo é o instrumento da transformação. O incêndio procura despertar o seu interesse queimando aquilo que você considera o seu mais caro bem: a sua casa. Ela contém tudo o que você possui, tudo o que você é. Esse pesadelo trata da sua emotividade profunda para sugerir que você procure aquilo a que é mais apegado. Ver a sua casa pegando fogo pode significar que você se separa de toda uma parte de seus desejos materiais. O seu apego aos bens materiais o priva da outra dimensão da vida. O fogo é purificador, ele destrói o inútil para que viva o essencial. Ele convida a distinguir as satisfações autênticas das pulsões exaltadas pelo seu sucesso social. Os males da sua vida vêm do desconhecimento da vida essencial. Quando o fogo destrói a sua vaidade, você nasce para a alegria e para a paz. Torna-se um ser verdadeiro. Ao viver na verdade, você conhece o sentido da vida. É nesse espírito que o fogo alimenta o renascimento espiritual. O pesadelo reforça a sua lucidez sobre os seus desejos profundos e sobre o conhecimento do funcionamento psíquico e seu dinamismo. A sua busca pela lucidez torna-se o seu ideal.

AR

O ar é o símbolo do sopro divino. "No princípio criou Deus os céus e a terra. E a terra era sem forma e vazia; e havia trevas sobre a face do abismo; e um vento de Deus impetuoso soprava sobre as águas", narra o livro de Gênesis em sua primeira frase. O ar é a manifestação da potência do Espírito. Ele fecunda as águas originais. Da mesma forma, depois que Deus formou Adão, ele "soprou em suas narinas um sopro de vida".

O ar é o veículo do pensamento, da parte espiritual. A alma é representada através da imagem alada, mas ela é também o sopro fresco. Na mitologia hindu, Vayu é considerado o sopro vital. Está associado à energia dinâmica *prana* que ele inspira. Na China, Feng-Po é a origem do sopro cósmico.

O sopro é uma fonte energética: ele enche as velas dos barcos, faz rodar os moinhos e, mais recentemente, máquinas que produzem eletricidade ou puxam água. O vento é a garantia da vida e da fecundação das plantas. As técnicas respiratórias são muito utilizadas em sofrologia (yoga, artes marciais).

O ar associado à água originou o *Feng Shui* (que significa "vento e água"), prática mística chinesa que permite viver em perfeita harmonia com o ambiente terrestre e suas linhas de energia. Certas linhas são favoráveis; trata-se do sopro cósmico do dragão, o *Sheng Chi*, que é preciso utilizar, enquanto outras são nocivas, como a do *Shar Chi*, o sopro que mata e que é melhor evitar. Essa arte existe há quatro mil anos e continua a ser praticada na Ásia tanto no setor privado quanto no mundo dos negócios.

O Ocidente conhece atualmente uma verdadeira paixão por essas práticas que antigamente eram reservadas aos mandarins da corte. Verdadeiros especialistas em topografia e em cultura política, social e religiosa, os mandarins, que eram consultados para a construção dos palácios e dos túmulos, decidiam a localização dos edifícios e dos cômodos em função das colinas, montanhas, curso de água e datas de nascimento das pessoas interessadas. O mais célebre dos mandarins é Mestre Yang, principal conselheiro na corte do imperador Tang em 888. Os princípios de Mestre Yang residiam na escola da Forma, que definia os bons e os maus locais em função do simbolismo do covil do dragão, assim como na escola da Bússola, que privilegiava o *I Ching*, as datas de nascimento, as cores, as direções (símbolo octogonal do *Pa Kua*, que corresponde aos quatro pontos cardiais e às quatro interdireções) e os elementos (fogo, grande terra, pequena terra, pequeno metal, grande metal, água, grande madeira, pequena madeira). Uma parte da prática do *Feng Shui* se apóia na forma como os elementos agem uns sobre os outros. Assim, uma pessoa que nasceu num ano de Fogo não deve ter muita água em sua casa, porque a água destrói o fogo. Para favorecer a boa sorte, quaisquer que sejam os métodos de *Feng Shui* utilizados, é preciso criar boas correntes de *chi* em sua casa, em sua empresa e em seu escritório, da mesma forma como deve equilibrar os elementos *yin* e *yang*. Assim, o *Feng Shui* vai lhe dar a oportunidade de escolher bem o seu terreno, a localização da porta principal, a localização dos cômodos de acordo com cada morador, segundo o princípio de que o ambiente afeta a sua vida. Em Hong Kong, Taiwan e Cingapura, os homens de negócios consultam um mestre de *Feng Shui* antes de começar a construção de edifícios e a disposição dos escritórios.

O ar é também o símbolo da liberdade: "ser livre como o ar, mudar de ares, tomar ar". Ele é a essência do movimento e o símbolo do que é leve.

O vento ou um tornado carrega tudo à sua passagem...

Qual é a natureza desse vento noturno que confunde aquilo que você acredita que é? Quais são os seus pensamentos atuais? Têm eles a forma de dúvidas que varrem aquilo que você está construindo? São eles, ao contrário, pensamentos cheios de energia, afirmativos, que carregam para longe as suas hesitações? São eles o reflexo de uma defesa, de uma crítica? Se o vento leva embora a sua indecisão, siga a sua intuição. Se o tornado destrói o que você é, procure aquilo que ameaça o seu equilíbrio.

Comece por estudar a si mesmo antes de acusar os outros. É um traço de caráter, é um pensamento obsessivo que atrapalha a sua visão serena? Não se deixe sufocar por suas emoções negativas ou pelo meio em que vive.

TERRA

A terra é a mãe primordial, Adão, o primeiro homem, significa "terra trabalhada". No Alcorão, a surata XLI afirma, ao se referir à terra: "Ele pousou na terra, do alto dos ancoradouros abençoou-a, proporcionando os alimentos: em quatro dias, apenas em quatro dias, para quem pergunta..." A terra é aquela que nutre mas é também a que destrói: Ésquilo a descreveu como a que "dá à luz todos os seres, nutre-os, depois recebe de novo o germe fecundo". Ela é fonte de vida e de fecundidade, mas também a deusa da morte. Na Índia, a mãe cósmica, Kali, permite que as fêmeas concebam, mas ela é a força destruidora que pode aniquilar o universo. Ela detém o mistério da criação e o mistério do Ser.

Na mitologia do sudeste asiático, Deus não tinha esposa, mas possuía uma franga que pôs três ovos enormes de onde emergiram os três deuses criadores dos três níveis do universo: o mundo do Alto (o Céu), o mundo do Meio (a terra) e o mundo Inferior (o mundo subterrâneo).

Na Grécia, Deméter, a deusa da terra, é a "Mãe-Terra", protetora das colheitas e da fertilidade do solo. Ela é "aquela que traz fruto". Deméter também deu aos humanos a agricultura.

Na China, a terra é um dos cinco elementos ou forças de mutação no livro do I Ching, o que significa em chinês "livro das transformações". O I Ching contém o fruto da sabedoria de milênios. Os oito trigramas, combinação de seis linhas cheias (*yang*) e quebradas (*yin*), representam as cenas que se desenrolam no céu e na terra, refletindo todo o universo. Essas imagens interdependentes não são fixas; elas estão permanentemente em movimento e são chamadas: o céu (K'ien, o criador, forte, o pai), a terra (K'ouen, receptiva, a submissão, a mãe), o trovão (Tchen, alerta, o movimento, o primeiro filho), a água (K'an, perigoso, o abismo, o segundo filho), a montanha (Ken, imobilizado, o repouso, o terceiro filho), o vento (Souen, penetrante, a doçura, a primeira filha), o fogo (Li, aderente, a luz, a segunda filha) e o lago (Touei, serena, a alegria, a terceira filha). Os filhos são os elementos motores e as filhas, a doação de si.

A combinação desses oito trigramas resulta em sessenta e quatro possibilidades que permitem a meditação do homem que consulta o *I Ching*. Nesse livro, "a terra é o complemento do criador e não o seu oposto, a natureza diante do espírito, a terra diante do céu, o espacial diante do temporal, o feminino maternal diante do masculino paternal". Para os chineses, o mundo não é a obra de um criador. Todo o universo se modifica em um ciclo sem fim. Esse livro de sabedoria explica que: "o céu e a terra seguem um ciclo. A cada fim sucede um começo, a cada extremidade uma renovação. Tudo está de acordo com tudo... O elemento que está na origem de todos os seres, que os cria é o Grande Uno; é a partir de quem os seres se formam e se completam, é a dualidade do obscuro e do luminoso. O *yin* e o *yang* são respectivamente os princípios negativo e positivo que governam a vida humana. Essas forças primordiais opostas completam-se para realizar toda a criação. O *yin*, em sua descida, formou a terra; o *yang* constitui o Tao, princípio eterno da harmonia terrestre e celeste: "O Tao cobre o Céu, carrega a Terra". Esses opostos se associam para chegar ao Todo. O *yin* representa a feminilidade: estão associados a ele a lua, o norte, o preto, o chumbo e os números pares. O *yang* está ligado ao masculino, à claridade ou à tenacidade: ele é o sol, o fogo, o vermelho, o sul, o mercúrio e os números ímpares.

> *Estou na cidade; de repente, a terra começa a tremer, abrem-se rachaduras no pavimento da rua e os edifícios desmoronam à minha volta...*

O tremor de terra do pesadelo provoca o desabamento, o desmoronamento como na realidade. O que é que está desmoronando dentro de você? Os valores estabelecidos, as opiniões divididas ou as suas crenças? O que você deve destruir? Depois de um tremor de terra, é preciso reconstruir. Como você vai fazer? Começar de novo? Tomar novas resoluções? Qual é a origem do tremor de terra? As respostas estão em você. Elas mostram o caminho de uma evolução segura. O tremor de terra pede a mudança. As bases da sua construção têm falhas que você deve reconhecer. Você deve prestar atenção a esse movimento sísmico interior. Use um tempo para analisar os fundamentos da sua personalidade.

> *Estou numa trincheira, há soldados mortos à minha volta, ouço o barulho dos tiros e dos obuses, sinto a lama e chego a prová-la...*

A terra carrega e conserva tudo. Ela faz prosperar ao nutrir tudo o que vive; ela é o berço e o túmulo. Ela carrega em seu seio o bem e o mal. Terra do último repouso, ela é o domínio das imagens da morte, dos vermes e de todos os animais que acompanham o homem ao túmulo (lobo, cachorro, corvo, etc.).

A guerra exprime os seus conflitos internos ou os confrontos que você vive com os que lhe são próximos. Na trincheira, falta-lhe espaço. Você tem a impressão de que a sua liberdade está obstruída? Falta-lhe espaço vital? A imagem dos soldados matando uns aos outros representa os seus desejos que se opõem? Se a resposta for afirmativa, quais são eles? O desejo de criar a sua empresa e o medo de fazer isso? O desejo de se casar e o temor das pressões familiares? Se você fica prisioneiro ou ferido no fim da batalha, o pesadelo o está pressionando a reagir. Você deve parar de analisar as vantagens e os inconvenientes da situação para passar à ação.

O conflito com os outros nasce quando você se sente em seu pleno direito e bate de frente com a oposição dos outros. Você recebe mal os golpes e se acha na posição de vítima e de incompreendido. O conflito interior encontra a sua fonte em seus sentimentos contraditórios. Perturbado, você não consegue tomar uma decisão, porque se uma parte de você deseja avançar numa direção, a outra o pressiona a recuar. Essa posição de *status quo* não o satisfaz. As suas motivações competem entre si. Se você chegar, apesar de suas contradições, a tomar uma decisão, vai se sentir frustrado, porque a sua satisfação não será total.

Os seus conflitos podem ser semelhantes ao exemplo do célebre asno de Buridan que tinha fome e sede. Ele morreu diante do seu balde de água e sua porção de aveia porque não sabia por qual começar: beber ou comer? Se o asno tivesse se decidido (pouco importa a ordem que tivesse escolhido), ele teria sobrevivido. Foi o fato de não tomar uma decisão que o matou. Reflita sobre os objetivos que você tem e proceda a uma seleção. Se você não fizer isso, perderá tudo. Fazer escolhas requer que se fixem prioridades. Chegou o momento de estabelecer a sua escala de valores; em outras palavras, o momento de determinar o que é mais importante e o que não é, a fim de chegar ao justo equilíbrio. Ao agir segundo as suas aspirações, você saberá encontrar a harmonia. Torna-se assim inteiramente responsável e consciente dos seus atos.

Os seus conflitos podem acionar metas negativas, como quando se vê diante de situações que julga sem saída e com as quais você acaba por se resignar. Assim, o fato de estar na trincheira no meio dos mortos leva você a pensar que não há outra solução a não ser se deixar matar para poder sair da situação. Você se sente prisioneiro de uma situação. Na sua vida, o stress no trabalho pode deixá-lo com essa disposição de espírito. A sua remuneração depende de suas responsabilidades e estas últimas são cada vez mais pesadas. Não assumi-las leva você à dispensa e, demitido, você se priva de uma situação financeira confortável. Nesse gênero de conflito, é preciso ampliar a sua visão do problema. Você tem a tendência de se concentrar exclusivamente no obstáculo, o que acaba por agravar a situação. Você deve mudar de perspectiva. Pode se perguntar sobre a importância da sua saúde e da sua felicidade. Você as julga prioritárias? Seja prudente, porque o stress o coloca em perigo. É colocando a sua saúde e a sua felicidade no âmago do problema que você empreende a mudança necessária. Você pode igualmente passar em revista a sua motivação. Você gosta de enfrentar desafios, ter responsabilidades ou animar uma equipe? Ou, ao contrário, prefere trabalhar sem pressão, sem muitas responsabilidades? As suas respostas aliviam a sua dificuldade atual, porque elas acrescentam pontos de vista complementares para a análise do problema.

Enfim, há conflitos nos quais você é confrontado com motivações cujos objetivos são opostos. Por exemplo, você, mulher, gosta do seu emprego, mas o seu companheiro quer que você pare de trabalhar para terem filhos. Ele acha que ficar ausente durante a semana toda não é bom para a educação das crianças. Neste exemplo, o seu desejo de ter filhos (meta positiva) exige abandonar o seu trabalho (meta negativa). Esse tipo de escolha é difícil de fazer, porque envolve outras pessoas e mexe com o casal. O equilíbrio encontrado deve satisfazer cada um dos membros, sem manter escondida nenhuma exigência. Por trás da educação dos filhos, não se esconde a crítica em relação à ausência? É por isso que, em caso de conflito, você deve examinar a natureza de suas motivações e o limite da sua intolerância. Você deve manter com a outra pessoa um diálogo verdadeiro, isto é, uma discussão sem censura, aceitando limites e restrições. Essa providência exige superar o "tudo ou nada", como foi proposto no exemplo anterior, e assumir compromissos. É na trincheira, isolado, que você toma consciência dos seus problemas. O contato com a terra confirma os seus mais profundos desejos; você está no centro da sua verdadeira personalidade. A lama, a terra infecunda, convida-o a reconsiderar as suas posições.

TEMA VIII
Casa e cidade

CASA

A casa é o seu espaço pessoal. Originalmente ela era construída em volta do fogo. Quando está dentro da casa, você se sente protegido, abrigado. Vive ali feliz, cercado pela família. Depois de um dia de trabalho, é o local privilegiado de repouso, de amor, de intimidade, de acolhimento para os amigos, de boas refeições e de suas lembranças. Inversamente, quando no pesadelo a casa é um lugar de horror e de angústia, você tem a impressão de estar preso em uma terrível armadilha. A casa dos sonhos representa a sua psique*. A fachada simboliza a *persona* (máscara de teatro que está na origem da palavra pessoa), e representa os papéis que você desempenha na vida social, assim como a sua aparência. O quarto de dormir simboliza a sua intimidade. A cozinha é o lugar das transformações psíquicas; o sótão, o das lembranças, e o teto, o lugar dos pensamentos.

> *Estou numa casa. Há muita gente falando na cozinha. Gostaria de falar com elas, mas estou com chiclete na boca. O chiclete começa a inchar. Sinto que estou sufocando, tento cuspi-lo, em vão...*

A cozinha é o lugar onde você prepara as refeições. É acolhedora, você se sente bem entre os cheiros bons dos alimentos e, entretanto, o sonhador não pode tomar parte na conversação. Ele se sente excluído; o seu chiclete o impede de se comunicar.

A refeição está associada à idéia de reunião, do prazer de compartilhar o alimento e as trocas que se fazem à mesa. A comunicação se torna impossível por causa de um obstáculo pessoal: o chiclete. O que ele representa? O que é que o impede de se comunicar? Quem são as per-

---

* Psique: conjunto do psiquismo que forma a unidade pessoal. Para Jung, o Eu é o sujeito da psique, compreendido aí o inconsciente.

sonagens que estão na cozinha? Membros da sua família? Por que você não pode participar do diálogo?

A mesa é também um lugar de comunhão. Para os cristãos, no momento da eucaristia, o padre refaz, em memória de Jesus, o ritual da refeição compartilhada, sinal da nova aliança entre Deus e os homens. A morte de Jesus tem o sentido do sacrifício reconciliador. Ele ofereceu a sua vida e se dá na comunhão para a salvação dos homens. A mesa representa a partilha e o perdão. O chiclete o priva dessa felicidade. Você tem algum sentimento negativo que rumina o tempo todo como esse chiclete que você mastiga sem parar?

A boca, órgão da comunicação e da transmissão, é a sede do paladar. Ela recebe os alimentos e permite a nutrição do corpo. Ela é igualmente o órgão da palavra e dá vazão à liberação dos sentimentos; ela pode machucar por meio de palavras maldosas. Qual é exatamente o papel do chiclete? Ele quer impedi-lo de dizer palavras das quais depois se arrependeria? É um bom freio para a sua agressividade? Representa uma bola alojada no fundo de você que só deseja sair?

Não é por acaso que a cena do pesadelo se passa na cozinha. A cozinha é o lugar das transformações. As matérias-primas são cozidas para que possam ser ingeridas. Com o que deve se alimentar a sua psique? Uma nutrição afetiva, intelectual ou espiritual? O que é que o impede de se proporcionar essa nutrição? Que defeito você deve confessar para poder se realizar verdadeiramente?

CASTELO

Estou num castelo fortificado. Vagueio por longos corredores escuros. Não encontro ninguém. Não acho a saída. Fico andando em círculos como em um labirinto quando, de repente, eu me encontro cara a cara com um fantasma...

O castelo é uma construção fortificada. Ele é cercado de muralhas e de água para se proteger do inimigo. É construído com a intenção de ser impenetrável. As fortificações protegem do perigo como o sistema de proteção que você instalou para não ser atingido pelos outros. Mas o pesadelo fala das conseqüências dessa superproteção: a solidão. O sonhador não encontra ninguém nos corredores. O medo de sofrer leva ao isolamento e, como o sonhador, você não encontra a saída. Esta o obriga a ir na direção dos outros, mas o seu medo de investir em uma relação amorosa ou de amizade o impede de fazer qualquer coisa. É o motivo que o leva a se perder como se estivesse num labirinto. O labirinto é o símbolo de tramas complicadas; uma vez dentro, é muito difícil sair.

É a imagem do desnorteamento, do desânimo. O sonhador tem a impressão de que vai vagar assim pela eternidade. A sua paciência é posta à prova. Ao longo do tempo, você construiu a sua própria prisão e gostaria de achar uma saída rápida para a sua situação. Ou então esse castelo fortificado é o seu espaço, o seu território representado pelos limites que você fixou para si mesmo. O labirinto é a sabedoria, porque exige um tempo de reflexão. É a *mandala* dos tibetanos, a base da meditação. O encontro com o fantasma é interessante, porque ele é a solução do sonhador, mesmo que a sua presença seja aterrorizante. O que se esconde por trás da figura do fantasma? Uma pessoa que o abandonou, traiu? Se esse for o caso, depois desse dia você não confiou mais em ninguém, recusa-se a se comprometer. Na realidade, você continua a sofrer com a sua relação anterior. É tempo de entender que foi a relação entre duas pessoas que fracassou. Você não deve culpar o outro nem se considerar responsável por isso. Foi a relação entre vocês que não funcionou; o que não quer dizer que você não seja capaz de ser bem-sucedido em outra relação. É preciso pensar em riscar o passado e se tornar confiante com relação ao futuro. Se essa ruptura envergonhou a sua imagem narcisística, a solidão em que você se abrigou é muito custosa. Pare de ruminar um roteiro de recriminações e de alimentar ressentimentos. O medo do sofrimento futuro torna-se uma barreira intransponível para os outros e um veneno mortal para você, que não tem o direito de se punir. A felicidade exige que vá em direção aos outros, com confiança.

Por trás do fantasma pode se esconder um de seus desejos. Nessa caminhada noturna solitária, só um fantasma vem cruzar o seu caminho. Qual seria o desejo que o tiraria de seus complexos paralisantes? Esse fantasma representaria uma réstia de esperança? Qual? Ele lhe diz que é preciso não perder a coragem nos momentos difíceis, ele entrevê um caminho que leva à realização, um caminho que permite encontrar a saída desejada. Mesmo que lhe pareça tão inacessível quanto a imagem do castelo, o caminho existe. É preciso lutar contra os mecanismos de defesa que você instalou inconscientemente para se proteger. Cabe a você cuidar de si mesmo sem construir para isso uma fortaleza que o separe dos outros e da vida.

PORTA

Alguém me chama atrás da porta. Não consigo distinguir de quem é a voz. Será que a pessoa está amordaçada? Vou em direção à porta que leva ao porão e eu a empurro. Está escuro, tenho muito medo...

A porta dá condições de sair de um lugar para entrar num outro. A deusa sumeriana Inanna, Ishtar en akkedien, decide passar para o reino dos Mortos. Ela se veste com sete paramentos e deve atravessar sete portas ao fim das quais seus paramentos serão retirados. O Alcorão determina sete portas ou sete degraus para o inferno. Cristo disse: "Eu sou a Porta".

A porta está ligada às provas iniciáticas. "Para visitar os jardins da memória, ensinam os mestres, é preciso bater à porta até acabar com os dedos". Ao atravessar essa porta, você abandona suas antigas crenças para nascer para o seu verdadeiro Eu.

A porta é uma transição entre dois estados. Ela oferece ao sonhador uma outra idéia sobre si mesmo. Que vozinha é essa que o chama?

Por que ela está amordaçada? Por que você não quer entendê-la? O que ela tem a lhe dizer? O porão se localiza normalmente debaixo da casa. Ele é, portanto, aquela parte sombria que representa o seu inconsciente. Empurrar a porta exige que você se questione. Na vida cotidiana, você não sente necessidade do seu despertar. Você se satisfaz com o fato de existir. Entretanto, o germe está lá e quer se desenvolver. A porta não é uma parada, ela é uma passagem. Como o feto que está para nascer, você deve atravessar a porta. É assim que você ultrapassa o conhecimento do mundo imediato para chegar ao seu verdadeiro nascimento — abandona a banalização e a ignorância para viver na consciência daquilo que você é.

ESCADA E QUEDA NO VAZIO

> *Desço os degraus de uma velha escada de ferro, aquele tipo de escada de incêndio semelhante às de São Francisco. Ela não é firme e tenho a impressão de que vou cair no vazio...*

A escada permite atingir um andar ou um nível, seja ao subi-la ou descê-la. A subida pode significar uma procura superior; cabe a você determiná-la. A descida pode ser uma investigação interior. A escada representa, em todos os casos, a passagem de uma maneira de ser a outra, uma evolução. Jacó fez essa experiência no sonho da escada: "E eis que uma escada se erguia sobre a terra, e o seu topo atingia o céu, e anjos de Deus subiam e desciam por ela [...] Este lugar é terrível! Não é nada menos que a casa de Deus e a porta do céu". O sonho de Jacó estabelece o confronto do homem com a sua própria vocação. Ele entrevê um outro horizonte. Ele está prestes a negociar com um deus que lhe garantiria a satisfação de suas expectativas: "Se Deus estiver comigo e me guardar no caminho por onde eu for, se me der pão para comer e roupas para me vestir, se eu voltar são e salvo para a casa do meu pai, então o Senhor será o meu Deus..." Você segue em direção à sua realização entre dois pólos: a terra e o céu, o nascimento e a morte. A escada o obriga a mergulhar em sua energia interior para chegar ao conhecimento.

No pesadelo, a escada que não é firme, corresponde à sua imagem. Você tem medo de se conhecer, de enfrentar o vazio da sua vida. Tem medo da perda de controle, da decadência e do vazio. Atrás da imagem do vazio se delineia a da morte.

Essa descida incerta e o medo do vazio o convidam a refletir sobre coisas a que se apega atualmente. O que você tem medo de perder? Quais são os seus valores? Eles correm o risco de ruir? Quais são as suas crenças? Os degraus o conduzem à incerteza? A que destino o leva a escada? Cada degrau está ligado a um outro como cada acontecimento da sua vida se liga a um outro. Você vai adiante com perseverança e de maneira harmoniosa. A verdade interior deve atingir um grau elevado para não cair no vazio. Exige um despertar gradual, não se deve querer pular etapas. Dessa verdade resulta o seu comportamento no mundo exterior. A felicidade repousa na presença dentro de você dessa força que o conduz ao alto da escada para poder olhar mais alto e mais longe. Assim, a escada será sólida, porque o seu desenvolvimento terá permitido ultrapassar a incerteza inicial. Você não teme mais o vazio, porque você não vai mais se encontrar em qualquer degrau por acaso.

CIDADE

Estou perdido numa cidade grande. Ando e não encontro o meu caminho. As pessoas que passam por mim não falam a minha língua. Sinto-me completamente abandonado...

Hoje em dia, a vida social exige um conhecimento cada vez mais complexo, dado um sistema de informações cada vez mais elaborado em função das novas tecnologias e de uma globalização que traz a concorrência à nossa porta. O fato de não dominar o meio em que vive é uma causa de stress. A cidade dos seus pesadelos remete à complexidade da vida. Ela revela a confusão da sua identidade, da sua pequenez. Quem é você diante dessa cidade gigantesca e tentacular? Você está perdido como a criança privada da presença da mãe. Na sua infância, a sua mãe o deixou para se entregar ao trabalho, para ir à casa dos amigos... Você sentiu uma angústia e um pânico incontroláveis. Será que ela iria voltar? Essa angústia é o seu primeiro sentimento de abandono. A cidade, segundo Jung, é o poder materno que o protege. Nessa grande cidade, você se sente pequeno e precisa ser acalmado.

Quando está estressado, você se torna mais sensível a tudo o que representa uma ameaça eventual. Esse pesadelo revela que um ou mais fatores de stress estão presentes em sua vida. O meio em que vive o importuna, você se tornou um estrangeiro, já que não fala mais a mesma língua das pessoas que encontra. Você está fragilizado e se sente excluído. O stress pode ser perigoso se julgar a situação insuportável, e isso o leva a um sentimento de frustração. As fontes de tensão são múltiplas: podem vir da família, da vida escolar ou profissional, da saúde, da vida cotidiana e de suas atitudes pessoais. Toda mudança mal vivida pode trazer stress. Quanto mais um acontecimento for imprevisível, mais ele vai gerar stress. Quanto maior a cidade do seu pesadelo, com edifícios gigantescos, mais ela vai se opor à sua natureza. Arranje tempo para vislumbrar acontecimentos recentes que podem tê-lo perturbado em qualquer das áreas já citadas anteriormente: falecimentos, divórcio, casamento, mudança de orientação profissional, exames, aposentadoria, desemprego, doença, empréstimo bancário, perda de fé, etc.

Não será esse acontecimento que irá derrubá-lo, mas sim a sua maneira de encará-lo. Diante da mesma situação, as pessoas reagem de formas diferentes. Sentem o problema de outro modo e adotam atitudes diferentes. Você deve aprender a se adaptar, a se responsabilizar e a se amar. Se você adotar uma visão mais ampla, se flexibilizar suas atitudes, vai aprender a aproveitar as ocasiões e não a combatê-las. Vai se recusar a se sentir vítima e passará a agir como um tomador de decisões. A cidade não é mais o lugar onde você se perde, mas aquele onde se reconstrói. Sente o gosto de descobrir a vida. Não está mais munido de um escudo que o protege permanentemente de tudo o que você não havia previsto. As suas relações com os outros habitantes da cidade estão baseadas na troca. Você não se acha mais na defensiva diante de desconhecidos que o assustam. As suas atitudes não são mais rígidas, elas se voltam para o exterior e não se limitam ao seu meio. As suas possibilidades se multiplicam e você aciona todos os processos de resolução. Pensamentos e ações seguem a mesma direção. Você não sente mais angústia, nem mal-estar, nem remorso. Vive em coerência consigo mesmo. Você é feliz.

TEMA IX
Morte e doença

MORTE

Vejo a morte vir me buscar, não quero segui-la. Com um gesto amplo, ela me mostra o caminho...

A Morte assume o aspecto de um esqueleto, de uma velha, de um ceifador, de uma ampulheta ou de uma personagem misteriosa escondida sob uma capa preta. A ampulheta marca o tempo. A foice vem cortar o fio do tempo. Sonhar que a morte vem buscá-lo não significa que você está para morrer.

Se uma pessoa próxima morreu há pouco tempo, a morte dela o fez mergulhar na dor da separação e na angústia da sua própria morte. É normal que o seu inconsciente libere à noite aquilo que você recalcou durante o dia: o medo da morte. Nas sociedades primitivas, a morte era considerada como um estado de vida, uma etapa transitória em um ciclo sem fim. A morte é ritualizada e não ameaça o grupo que, ele mesmo, não morre. O grupo estava acima do indivíduo, enquanto hoje em dia acontece o inverso. Ao se tornar individualizada, a morte se torna uma ruptura, um fim dentro de uma visão linear da vida. Em nossos dias, não se fala a respeito de mitos a não ser para analisá-los e não para fazer deles o cimento da nossa cultura. Graças aos progressos científicos, a morte é afastada, aumentando a esperança de vida; ela é assim domesticada e paradoxalmente anti-social. A morte se torna um inimigo que a ciência deve combater; ela é "a expressão radical do fracasso", como a descreveu o filósofo Jean Lacroix.

Freqüentemente, um doente em fase terminal é entregue a um serviço especializado onde fica à mercê da obstinação terapêutica ou do abandono. Isolado num quarto de hospital, o moribundo deve aceitar o inevitável com coragem. O autor Ph. Ariès descreve nestes termos o ideal do moribundo: "Aquele que finge que não vai morrer".

Assistimos paralelamente à desritualização e à exclusão do moribundo. As pessoas morrem cada vez mais fora de suas casas, e o ritual que cerca o defunto é confiado aos especialistas dos serviços funerários. Eles possuem a arte de se ocupar de tudo e de dar a melhor aparência possível ao morto: um rosto descansado em uma postura digna.

Antigamente, o rito permitia honrar o defunto e assegurar o seu destino *post-mortem*. Tinha por missão tirar a culpa dos vivos e reconfortá-los. Atualmente, só as despesas penhoradas no enterro permitem desempenhar esse papel. E, ainda... às vezes fazemos frente aos funerais graças às prestações dos seguros de vida. Os longos velórios, os cortejos compostos dos membros da família e dos amigos e os símbolos do luto como as roupas pretas não existem mais. Se o falecido deixa expresso que não deseja um enterro religioso, a cerimônia é curta. Tudo é rápido e sem muitas demonstrações, como se não se devesse demonstrar a dor. A vida pertence aos vivos!

Nessas condições, como não se sentir abatido em relação à morte? Ela se tornou a principal proibição da sociedade. Quando a morte ronda o doente, a estupefação é considerável e instala-se todo um processo psicológico de defesas. O doente recusa sem cessar a idéia da sua morte, fica encolerizado com a injustiça que o atingiu e se empenha numa barganha (ser um bom paciente ou um bom praticante). O acompanhante vive sob a ameaça da perda e o peso da culpa. Ele está saudável enquanto o outro trava um combate terrível. Ele gostaria de poder dar o seu tempo, expressar suas emoções, manifestar a sua afeição e se sente impotente. Esse período de pré-luto é difícil para o acompanhante, que se sente dividido entre a vida que continua (obrigações familiares e profissionais) e o apoio ao moribundo. Diante do anúncio do falecimento, mesmo que já estivesse previsto, o acompanhante entra em estado de choque.

Em geral, ao perder um ente querido, você não consegue acreditar que a morte dele é real, sobretudo se a morte for brutal e acidental. O luto começa com o choque da notícia. Do choque você imediatamente passa para um estado de negação; vive numa espécie de semiconsciência onde tudo parece irreal. Em seguida, explodem a sua revolta e a sua cólera. Cólera contra a pessoa morta caso tenha morrido acidentalmente ou tenha se suicidado (ela deveria ter tomado cuidado ou se apegado à vida e pensado nos outros), cólera contra si mesmo (eu deveria estar junto naquele momento) ou contra Deus. A mágoa e o sentimento de perda irremediável se instalam e tocam profundamente o seu instinto vital. A vida parece sem sentido até que você complete o trabalho de luto, isto é, até que aceite a perda, interiorize a sua dor e retome suas atividades sociais. Você não esquece o morto, você o guarda dentro de si. A presença dele é interior. Você não deve se sentir culpado por continuar a viver. Você expressa de forma diferente a sua dor e enfrenta a morte de uma maneira pessoal. Para alguns, o fato de falar de quem faleceu é um fator de ajuda, enquanto para outros a expressão das emoções é um sinal de fraqueza. Você enfrenta essa provação de acordo com os seus recursos psicológicos, espirituais e emocionais. A morte daqueles que você ama reforça a sua angústia existencial. É preciso seguir o seu caminho sem ter medo do futuro. É a mensagem de esperança desse pesadelo. O caminho que a Morte mostra no sonho não é o dos defuntos, é a trilha da vida. Trata-se de um convite à maravilhosa viagem da vida. A morte não vem jamais reforçar os sofrimentos, ela lhe diz que é tempo de virar a página, de encerrar o seu luto.

Mesmo que você não tenha acabado de passar por um confronto com a morte, você a considera ameaçadora. Todas as culturas consideram a passagem para além da morte ao tentar interpretá-la. A morte foi comparada ao sono, à passagem para um mundo diferente ou paralelo, a uma liberação, redenção ou a um ciclo necessário da vida. Para os brâmanes ou para os budistas, "morrer é deixar a aparência ilusória dos seres e das coisas a fim de reencontrar a solidez do Uno, do Todo". Para os budistas, a saúde reside na liberação do karma que está ligado às ações passadas em suas vidas anteriores. Assim, para não morrer mais, é preciso não renascer. É preciso destruir em si toda a possibilidade de desejos que são fontes de sofrimento. É a espiritualidade do desapego: "E compreendendo que todos os fenômenos são ilusões, possa eu me libertar da escravidão de todo apego", declarou Gueshe Langri Tangpa. Para os cristãos, o pecado introduziu a morte, mas a redenção permite transcendê-la. A ressurreição é a boa-nova anunciada por Jesus Cristo.

A morte sempre esteve ligada a uma idéia de mistério e à hipótese de uma outra vida, qualquer que seja a sua forma, como a imortalidade da alma. A morte dos seus pesadelos não é aquela do seu corpo, mas a dos seus pensamentos. Ela é comparável à ressurreição de Lázaro. Morte real ou iniciática? Ressurreição da carne ou do espírito? Lázaro está doente em sua alma, ele sofre da fruição dos prazeres terrestres que o privam da verdade, do essencial. Jesus, seu amigo, leva a ele a ressurreição, não a do corpo, mas a da alma. O túmulo de Lázaro representa o seu fechamento egocêntrico. A ressurreição dele é a da renovação interior. Essa passagem do Evangelho simboliza que Jesus veio livrar a humanidade da fraqueza que a leva a viver de forma egoísta no gozo da vida presente para lhe mostrar uma outra via, a do amor, da paz e de uma consciência interior. Talvez você seja como Lázaro, isto é, está vivo, mas uma parte de você está morta. Você está morto para o amor, a esperança ou a fé no futuro? Você está morto quando se fecha para os outros e para os seus próprios sentimentos.

A reflexão sobre a morte é antes de tudo uma reflexão sobre a vida. Você empreende uma evolução, deixando morrer o que não é essencial. Reflete sobre o seu modo de vida, deixando de lado as falsidades, renunciando ao superficial para consagrar-se àquilo que lhe parece importante conseguir. Como Pascal, você sabe que somos "todos condenados à morte". Você pode fugir desse pensamento ao se aturdir de prazer, ao se esconder atrás da ciência e de seus progressos, mas passará, apesar de tudo, pela experiência da morte. Pensar na morte impõe escolhas de vida, de prioridades. "A morte é uma certeza, mas ela não é um mal e não é preciso temer a morte...", diz Epicuro. A morte no pesadelo traduz o fim de um ciclo. Ela favorece a sua entrada no caminho para a realização. Ela anuncia um renascimento semelhante àquele de Lázaro. A foice se torna a projeção do seu inconsciente que corta o supérfluo, as partes dessecadas, a fim de permitir a você entrar na via do conhecimento. No Arcano sem nome do tarô de Marselha, carta número treze, a foice corta as idéias ultrapassadas que são representadas por duas cabeças que saem da terra. Ela corta as mãos que simbolizam os atos passados e secciona os ossos e os pés, as antigas estruturas da personalidade. O esqueleto, voltado para o futuro, ceifa o passado de maneira determinada. Ele não teme o futuro porque se sente animado por uma energia dinâmica, fortalecida pela experiência passada. No pesadelo, a morte é uma verdadeira força em movimento como o Arcano XIII. Ela aniquila o passado para dar lugar ao futuro e a uma personalidade renovada. Esse novo nascimento é ilustrado pelas novas plantas que emergem da terra. Ela faz nascer um novo impulso vital que é indispensável para o progresso do seu ser.

FUNERAIS

Sonho que o meu pai morreu... Assisto aos funerais da minha mãe...

Sonhar com a morte de uma pessoa é o desejo inconsciente de se desligar de um laço forte que existe entre você e essa pessoa. Nesse exemplo, a morte do pai ou da mãe permite a você se libertar, exprimir a sua personalidade, escapar do complexo de Édipo. Para conseguir uma autonomia plena, é preciso cortar o cordão umbilical. A foice da morte cumpre essa tarefa. Cronos, filho de Urano e de Gaia, destrona o seu pai, castrando-o, e reina assim sobre o mundo.

ESQUELETO

Vejo um esqueleto que me impede de avançar pela estrada...

O esqueleto é um antigo símbolo da morte que evoca os restos de quem viveu. Ele está entre a vida e a morte. O *Bardo Thodol*, o livro tibetano dos mortos, explica as conseqüências das criações mentais: "Possa eu reconhecer que toda aparição é um reflexo da minha própria consciência... Se você não as reconhece, os sons o encherão de temor, os raios o aterrorizarão...".

A missão do esqueleto não é amedrontá-lo. Ele exige que você deixe um estado em que se mantém há muito tempo. No pesadelo, ele não anuncia a morte, mas fala de outros recursos interiores, fonte para a sua evolução. Ele representa o seu espírito que luta constantemente por se manifestar na consciência espiritual. Propõe uma mudança. Você não é mais escravo dos seus instintos. O esqueleto representa as transformações nas quais você vai se empenhar. Ele o obriga a fazer escolhas para moldar o seu ser. A vida lhe oferece múltiplas possibilidades e você deve renunciar a algumas delas para acolher aquela que lhe pareça essencial. Você morre em seu pequeno Eu ilusório para renascer em uma dimensão mais ampla, em um estado de consciência superior. O esqueleto impede que você siga pela estrada que leva para o mundo das aparências e do parecer ser. Ele o inicia, convida-o a descobrir a sua alma e a sua consciência.

DOENÇA

Sonho que estou com câncer...

A doença faz parte dos seus medos; é normal que ela apareça em seus sonhos. Ao acordar, você teme que o pesadelo seja uma premonição. Para ficar completamente tranqüilo, pode consultar um médico. Se você sofre antecipadamente por acontecimentos que nunca ocorrerão, deve aprender a aproveitar o tempo presente sem prever o pior. Sempre haverá tempo de reagir se um dia o pior se concretizar. O medo da doença faz mal para você, pode até criar problemas de saúde. Interpretar os pesadelos levou-o para o caminho da observação interior. Continue esse trabalho. O câncer permanece uma doença contra a qual você se sente impotente. Você tem o sentimento de que ele ganha terreno e mata inevitavelmente depois de tratamentos pesados. Você conhece uma pessoa que tem câncer. Você tem um medo terrível dessa doença? A doença do seu pesadelo é aquela do seu espírito que o força a autopunição? Você se inflige a pior punição que conhece: o câncer. Por que se pune assim? Você vive com um sentimento de culpa? Se cometeu um erro quebrando uma regra moral, social ou religiosa, o inconsciente exige que você divise a reparação para poder ficar em paz consigo mesmo. Se você se sente culpado de coisas insignificantes, não exagere a sua importância, está sofrendo inutilmente. Você é fisicamente aquilo que é psiquicamente.

Qualquer que seja a natureza da sua resposta, você deve se lembrar de que os seus males vêm de dentro, da sua maneira de pensar. É importante aproveitar o tempo presente sem se projetar constantemente num futuro repleto de catástrofes. Se entre os seus amigos ou parentes há alguém que esteja com câncer, você deve lhe dar apoio e conforto. A doença isola o paciente da vida social; ele precisa da sua presença para não se sentir abandonado nem excluído. Quanto mais você tiver medo da doença, mais ineficaz será a sua amizade e a sua ajuda. O doente deve poder fazer confidências, não o obrigue a recalcar o medo dele por causa do seu. Por sua vez, você pode pedir ajuda a outros se está com medo. O medo não é uma fraqueza, mas ele não deve fazer com que viva permanentemente angustiado. Uma certa disciplina interior é necessária para vencer os seus medos, porque ela o conduz a uma melhor apreensão de si mesmo e dos outros. Você aprende a viver os momentos de felicidade com intensidade e a descartar os pensamentos negativos que causam inutilmente uma certa dose de sofrimento. A sua paz interior depende da sua maneira de apreciar o que você tem, de considerar os seus trunfos. A felicidade como o sofrimento se alimentam interiormente.

Explicações necessárias

Você consegue chegar ao seu conhecimento interior graças à interpretação dos pesadelos?

A análise dos pesadelos serve para desmascarar os obstáculos revelados pelo inconsciente, para destruir uma falsa imagem de si a fim de chegar ao que você é em sua totalidade, a sua realidade íntima.

- **O que eu consigo saber?**

Antes desse trabalho de decifração, o seu Eu verdadeiro permanecia ligado à sua imagem social: a sua idade, o seu casamento, a sua profissão e as suas atividades de lazer. Quando a imagem de si mesmo é definida assim, fica-se mais vulnerável, porque ela existe apenas em relação à vida social. Assim, num período de exclusão, como no desemprego, na aposentadoria ou na doença, a pessoa fica fragilizada. O procedimento de análise dos pesadelos o colocou dentro de si mesmo. Você depende menos do olhar e do julgamento dos outros. Atinge uma serenidade que não depende do clima nem do bom humor do porteiro. Pela introspecção, você consegue matar os demônios aos quais os seus pensamentos dão vida. Ao suprimir as causas internas da sua insatisfação e da sua angústia, você se livra do sofrimento. Muitas vezes você é o próprio artífice dos seus males. Graças aos pesadelos, você examina as causas das suas mágoas e de suas contrariedades para reencontrar a paz interior.

Você não precisa ser um especialista em sonhos para tornar-se um bom intérprete. É em você que residem os seus desejos, frustrações e soluções. Se um pesadelo recorrente desaparece do dia para a noite, é sinal de que o seu trabalho de análise foi eficaz. Caso contrário, trabalhe com as personagens dos seus sonhos, a significação dos lugares e das ações. Você tem em si mesmo a explicação. Não precisa de conhecimentos particulares em mitologia, você tem naturalmente em seu inconsciente os símbolos da humanidade que herdou do passado.

O pesadelo lhe dá, em uma linguagem codificada, a percepção de uma situação que pode gerar insegurança, sentimentos de inferioridade, de fracasso, de baixa auto-estima, de dependência, de agressividade e de abandono. Você tem a ganhar um conhecimento melhor de si mesmo. Esse tempo dedicado à interpretação permite que você chegue à origem de suas preocupações. O pesadelo traduz a angústia e o stress. Cabe a você descobrir as causas do seu stress e as fontes da sua angústia. Elas remontam à infância? Elas se devem a um acontecimento recente? Você não pode deixar o stress e a angústia o invadirem sem se colocar em perigo física e psiquicamente.

• O que eu devo fazer?

Leve em conta a mensagem que foi enviada, o conflito ou os problemas existentes. O pesadelo lhe abre a porta da compreensão de si mesmo. Não existe um limite de tempo nem de espaço. Você recolhe informações sobre o passado que o consciente ignora completamente. Uma vez conhecida essa informação, vai se dar conta das indicações que lhe permitirão descobrir aspectos da sua personalidade que você ignora. A felicidade não repousa sobre a juventude, a riqueza, o poder, mas sobre a faculdade de achar um sentido para a vida. Os sonhos e o trabalho de análise abrem a porta ao esplendor da realidade do seu ser. A felicidade é ao mesmo tempo um acordo interno e uma harmonia externa. O sofrimento é um desacordo. O caminho a ser percorrido passa de um mundo de imagens oníricas a um mundo intuitivo do ser. Não se trata de um traçado científico que vai de um ponto a outro, é um caminho de reencontros em perpétuo movimento em que a alma se nutre. Você obtém essa receptividade pela observação, análise, escuta interior e disciplina.

• O que me é permitido esperar?

O método de "livre associação" utilizado na análise dos sonhos faz novamente a ligação entre o inconsciente e o consciente. Ele faz com que outras informações venham intuitivamente à sua consciência. Os pesadelos são mensagens de alerta, avisos. Eles lhe comunicam a sua angústia e descrevem o seu stress. Fortalecido com esse novo saber, você o integrará a seus atos e se empenhará num processo de mudança. A maior parte dos pesadelos o levam a reagir para renascer. Esse processo de evolução será o seu *leitmotiv*. Você vai ousar transpor os limites que lhe foram impostos, limites vindos da educação, da falta de auto-estima e da angústia. Vai adquirir confiança e encontrar equilíbrio em matéria de saúde física, psíquica e espiritual. Desenvolverá a intuição que gera a inteligência criativa e depois a sabedoria. Vai chegar ao Eu definido por Jung como sendo a totalidade da sua personalidade, isto é, a parte consciente e inconsciente: "O Eu é a expressão mais completa dessas combinações de destino que chamamos de indivíduo". Vai se distanciar da lógica cartesiana que só crê no mundo da razão e da manifestação para chegar a uma verdade mais profunda do que o mundo material. A ciência e a razão lhe dão a impressão de ser como os deuses, promessa da serpente para Eva. Esse mundo material não é a promessa de felicidade. Ao perdê-lo, você perde tudo. Você faz parte dele, mas ele não está em você. Ele não é o centro das suas preocupações. A razão resulta no impasse com relação ao sentido da vida, ao nada. A elevação espiritual o livra de seus temores. A análise dos pesadelos é um trabalho pessoal que serve de guia para você se encontrar, que o faz tomar consciência do seu próprio valor e o dos seus pensamentos, não para que você se feche neles, mas para abri-lo para a vida e para os outros. Por ter feito a experiência com o seu ser, você pode passá-la adiante. Você não suporta a sua vida, você faz dela uma história plenamente vivida, a sua história. Torna-se um ser livre, sem preconceitos, sem rancores, sem complexos. Você adquiriu o desejo de melhorar em termos de tolerância e de ideal espiritual.

Como lutar contra o stress e a angústia?

Antes de lutar contra o stress e a angústia, você deve diagnosticá-los, isto é, reconhecer os sintomas. Os pesadelos são indicadores, mas há outros. Procure a origem do seu stress e descubra os fatores que degradam a sua qualidade de vida. Você sofre pressões exteriores: condições de trabalho, horários, transporte, poluição, etc. Você se impôs um stress endógeno ligado a uma alimentação inadequada, ao desrespeito aos ritmos biológicos, ao sedentarismo e à ausência de vida interior. Uma vez transpostas essas etapas, você organiza uma verdadeira estratégia para reatar com a felicidade e a serenidade.

Saber reconhecer os sintomas e os perigos do stress

O excesso de stress vai torná-lo incapaz de fazer face às situações cotidianas, tanto na vida familiar, social quanto na profissional. Ele se traduz muitas vezes por uma fadiga que não o abandona e a impressão de que qualquer coisa que faça, mesmo a atividade mais comum, torna-se extremamente difícil. Cada indivíduo tem o seu próprio modo de reagir diante do stress. Certas pessoas têm reações somáticas: náuseas, diarréia, prisão de ventre, úlcera e problemas digestivos. Expressões como "isso ficou parado no estômago" (não suportar alguma coisa), "estou com o estômago embrulhado", "sujei as calças" (o medo provoca um desarranjo), "estou com dor de barriga" (isso me desagrada – a contrariedade se instala no abdômen) e "aquilo me revirou as entranhas" (a sensibilidade se localiza nas vísceras) dão bem conta do aspecto somático da emoção. Outros expressam o stress por intermédio de problemas dermatológicos. Sofrem o mal na pele (a pele é a prisão da personalidade) e o stress delas precisa sair. A expulsão se faz por crises de eczema, coceiras ou o aparecimento de psoríase. Algumas pessoas têm problemas com o sono: insônia ou sonolência. Todas essas reações podem ser ou não acompanhadas de perturbações psicológicas e de mudanças comportamentais. As ameaças de stress podem chegar ao infarto e ao enfraquecimento do sistema imunológico. Os sintomas físicos se traduzem igualmente pelas tensões musculares na testa, nos maxilares ("apertar ou ranger os dentes") e das costas ("carrego tudo nas costas" – estar sobrecarregado).

O sintoma mais conhecido é a síndrome de Atlas, que se traduz por dores dos dois lados do pescoço. Segundo o mito grego, Atlas, filho de Zeus e de Climene, na ocasião do combate de Zeus com os Titãs, alinhou-se com os adversários do seu pai. Por isso Zeus o condenou a carregar o mundo nos ombros. Assim, quando você está estressado, muitas vezes tem tensões no pescoço, porque você é como Atlas, carrega o seu fardo pesado nos ombros. O seu rosto fica tenso e você fica com a tendência de apertar os maxilares e a franzir a testa. Você pode ter dores nas costas, o que demonstra o fato de que está carregando tudo nas costas!

O stress não resolvido vai agir sobre o seu moral. Vai provocar falhas de memória, tristeza, desinteresse, agressividade, intolerância e uma incapacidade de tomar decisões e de agir. Esses são os sintomas psicológicos. Você se enxerga de outro modo e percebe os outros e a vida em geral de uma maneira diferente. Perde o entusiasmo e tudo se torna uma contrariedade, uma obrigação. Tem idéias sombrias, sente-se incompreendido. Vive o dia presente e não consegue se projetar no futuro. Intelectualmente, faltam-lhe concentração e reflexão. Tudo lhe parece fora de alcance, você carrega um sentimento de incompetência acrescido da certeza do fracasso. Perdeu a confiança em si e nos outros. A vida lhe parece desprovida de sentido. As suas motivações mudaram. Nada mais parece motivá-lo.

Alguns passam a beber, fumar em excesso e aumentam o consumo de chá, café e açúcar. Outros tomam vitaminas para se encorajar, antidepressivos para enfrentar os problemas e soníferos para dormir. Você pode perder o apetite ou, ao contrário, comer demais. Esses sintomas põem em relevo uma mudança de comportamento. Trata-se de sintomas comportamentais.

Um stress mal administrado vai ter conseqüências na saúde física e psicológica. Cada pessoa reage diferentemente em função da sua constituição física, do seu caráter, da hereditariedade, de doenças anteriores, da sua história pessoal, do seu apoio afetivo e do seu meio. Se não reagir, o seu organismo permanecerá em estado de alerta e desenvolverá uma certa resistência. Vai ter a impressão de um certo equilíbrio, mas a realidade é que o seu corpo se acostumou a uma situação constantemente estressante. Você entra numa fase de resistência, durante a qual mobiliza permanentemente todas as suas energias, seguida de uma fase de esgotamento. Pouco a pouco, os seus mecanismos de defesa se esgotam. O seu organismo se exaure pelo uso constante de energia. O stress se torna crônico e você passa a viver em um estado de tensão permanente que leva ao esgotamento ou à doença. Graças à psiconeuroimunologia, sabe-se que o stress tem influência sobre o sistema imunológico, causando profundos distúrbios nas defesas do organismo. A administração do stress não impõe a sua erradicação de uma vez por todas. Trata-se de reconduzi-lo a um grau tolerável para controlá-lo e não ultrapassar o limite de alerta. A vida não pode ser concebida sem stress e o agente estressante pode incentivá-lo a se superar.

Os pesadelos são fontes preciosas de informação, porque eles incentivam a pessoa a se empenhar em um processo de reflexão. Você identifica os problemas, as suas origens e busca soluções. É preciso concluir então que é a sociedade atual, com suas regras econômicas, que está na origem do stress? Se é certo que as condições de vida desempenham um papel preponderante sobre o stress, seria uma simplificação dizer que são suas únicas causas. A prova é que duas pessoas não reagem da mesma forma diante de um acontecimento similar. Assim, o stress depende da adaptação pessoal à mudança, da própria percepção e da avaliação da realidade de cada um. Se o acontecimento for visto como uma verdadeira catástrofe, ele se tornará certamente um fator de stress. Em compensação, se parecer desagradável, mas superável, ele vai se tornar um cacife a ser usado para fazer face à situação e ir adiante. No caso de ser bem-sucedido, esse acontecimento terá sido até mesmo benéfico.

Os fatores de stress

• O acontecimento traumático

Você pode ter sido vítima ou testemunha de um acontecimento que o traumatizou, colocando em perigo a sua vida ou a segurança de outras pessoas (agressão, guerra, terrorismo, roubo à mão armada, acidente, catástrofe natural). É evidente que diante do horror da situação, você sofreu um stress importante. Naquele dia, o stress o ajudou a se adaptar à situação. Você conseguiu sair de um carro em chamas, escapou de um tiroteio ou permaneceu impassível diante de um agressor. O seu organismo automaticamente deflagrou um sistema de sobrevivência diante do perigo, seja pela fuga ou pela paralisia. Desde aquele dia, essa reação vital não recuou. O seu corpo continua em alerta. Muitos meses mais tarde, você pode ainda ter seqüelas, porque, à sua revelia, ainda mantém o stress. Você não é mais o mesmo: está sempre na defensiva, fica sobressaltado ao menor ruído, não está nunca relaxado. E isso porque se sente permanentemente ameaçado. Você chegou próximo da morte e as lembranças voltam constantemente à sua memória. Adota uma atitude de desconfiança em relação a todo mundo. Não tem mais vontade de sair. Não quer ver ninguém, nem os seus amigos, nem a sua família. Sente-se incompreendido. Não sente mais gosto por nada. O stress pós-traumático não tratado leva à desinserção social, à depressão, às drogas e ao suicídio.

• Os valores da sociedade de consumo

Em nossos dias, o stress, ainda que dificilmente quantificável, atinge a metade da população dos países fortemente industrializados. Ele é apontado como o inimigo número um do homem. E é fácil acreditar que o stress é provocado pelo funcionamento da sociedade e pelo mundo empresarial quando são analisadas as condições de vida geradas pela forte urbanização e pelas condições de trabalho, que aliam produtividade e competitividade.

A nossa sociedade de consumo e de desempenho leva a exigir mais: mais renda para satisfazer os seus desejos e mais competência para conseguir remunerações consideradas satisfatórias. Na imagem do sucesso se confundem a bela casa, um carro soberbo, férias e fins de semana prolongados, corpo jovem e bronzeado o ano inteiro e roupas na última moda. As infinitas possibilidades de lazer e de compras impulsionadas continuamente pela publicidade, cada vez mais atuante e se dirigindo a um público cada vez mais jovem, fazem surgir os desejos cada vez mais cedo e cada vez mais vivos. A espiral do "cada vez mais" é acionada em termos de necessidades e de energia. Para gastar mais é preciso ganhar mais. Para ganhar mais é preciso trabalhar mais ou melhor.

Desde a mais tenra idade, a criança é submetida à pressão da sociedade de consumo. O trabalho escolar é recompensado financeiramente ou por uma compra excepcional: uma roupa ou tênis de marca. A marca já é um sinal de vinculação, de reconhecimento. A escolha de certos cursos (a literatura, é desemprego na certa), os incentivos (se você trabalhar bem, terá um bom emprego) ou o espectro da pobreza (continue assim e vai ficar desempregado pelo resto da vida) são brandidos diante das pessoas continuamente. As apostas fundadas sobre aquisições materiais fazem parte integrante da educação. Paralelamente, o senso de valores, a obediência e a religião perdem terreno. É dada a partida para a corrida contra o relógio, o tempo de descanso é considerado como perda de tempo e até mesmo como preguiça. O tempo de refletir sobre si mesmo é mais evidente na fase da adolescência e de crise existencial. Da mesma forma fica cada vez mais difícil equilibrar a vida familiar, a jornada contínua ou trabalho noturno e a extensão dos trajetos, num ambiente de crescente insegurança e de atmosfera poluída. Para realizar os seus projetos, você pode pedir um empréstimo, mas as prestações mensais vão ser causa de stress, especialmente se a situação financeira da família tiver mudado. Em geral, a falta de dinheiro pode ser estressante por si mesma, sentindo-se os membros da família privados do que a sociedade oferece.

As invenções e a inovação não tornaram os homens mais felizes. Elas permitiram mais conforto no lar e mais meios de comunicação para as pessoas. Apesar disso, os homens jamais sofreram tanto com o isolamento. A aceleração do progresso aumentou a incerteza e a impotência ao impor uma adaptação constante, uma exigência crescente de saber.

- **A mudança**

Toda mudança é portadora de stress porque exige um esforço de adequação. A necessidade de se adaptar a uma nova situação cria uma emoção que se alimenta de medos irracionais. Inconscientemente, você tem um território que constitui um espaço em que se sente protegido. Esse território é ao mesmo tempo geográfico (a cidade, a casa, o lugar de trabalho), social (as relações, os amigos, os colegas de trabalho), íntima (a família, o seu corpo) e profissional (a sua formação, as competências, o cargo que ocupa, as responsabilidades). Cada vez que sente o seu território invadido por um fator desconhecido ou que vê as fronteiras se modificam, você fica em estado de alerta. Uma mudança, um outro meio social, um contato físico mais próximo e não desejado, um colega de trabalho que se encarrega de uma tarefa que era sua constituem uma modificação de pontos de referência que pode fragilizá-lo. A nossa sociedade aumentou consideravelmente o ritmo das transformações (mobilidade geográfica e profissional, globalização, progresso tecnológico e de comunicação, explosão da célula familiar), deixando para trás aqueles que não conseguem acompanhá-lo.

• A vida profissional

A fusão das empresas, a pressão dos mercados e a competitividade das companhias em escala mundial confundem as regras empresariais tradicionais. Um caso ilustra perfeitamente a reestruturação que fez as mentalidades evoluírem. Como a sociedade Danone pode realizar demissões quando alcança lucros consideráveis? A opinião pública não compreendeu esses novos procedimentos e exigiu uma regulamentação mais severa para as demissões. Antes das eleições, o Estado se viu entre dois fogos: satisfazer o seu eleitorado ou evitar o efeito perverso da lei que poderia desencorajar eventuais investidores na França. A ameaça de explosão da esquerda pluralista antes das eleições finalmente resultou na decisão por um reforço da lei, mas o mal já estava feito, e os assalariados sabem de agora em diante que os resultados notáveis de uma empresa não asseguram mais a permanência e a garantia dos empregos.

Além disso, o conhecimento do serviço e a fidelidade à empresa não protegem mais o assalariado contra a demissão. Assim, as fusões e os deslocamentos às vezes necessários para a sobrevivência de uma empresa deixam em seu rastro os assalariados, cuja reconversão é extremamente difícil dada a evolução tecnológica (caso do setor têxtil e de borracha) e os quadros regionais isolados, localizados longe da sua sede social. O desenvolvimento da Europa exigiu igualmente a privatização de empresas públicas e uma nova adaptação dos salários à mentalidade privada. Enfim, a chegada de novas tecnologias como a Internet não param de revolucionar os meios de comunicação e as compras, deixando um grande número de pessoas desconectadas.

O trabalho das mulheres (de quem são exigidas as mesmas capacidades e a mesma disponibilidade exigidas dos homens e, às vezes, até mais, já que elas devem provar continuamente que o seu sexo não é uma desvantagem para a empresa, e isso, freqüentemente, recebendo menor salário) modificou a organização familiar. Ainda que a distribuição dos papéis no seio da família tenha evoluído, a mulher acumula atividades profissionais e obrigações familiares. Além disso, ela deve ser ao mesmo tempo uma boa mãe e uma boa esposa, isto é, ocupar-se do lar e das crianças sem perder a aparência de uma mulher jovem e satisfeita. As condições de trabalho podem ser uma causa de stress: o barulho das oficinas, a ausência de luminosidade, o calor, a decadência do local, as dimensões apertadas dos escritórios, as condições físicas de trabalho penoso, etc.

Você pode ter necessidade de enfrentar desafios e o seu trabalho não lhe oferece ocasião para isso; nesse caso, a monotonia do trabalho é uma fonte de stress. Os gestos repetitivos do trabalho em série considerados desinteressantes provocam uma desmobilização e perda de auto-estima. Você leva o seu trabalho a sério, investe nele e se sente esquecido. A falta de reconhecimento é igualmente fonte de stress. Ignorado pelos colegas ou por seus superiores, você mobiliza os seus recursos em vão e se sente cada vez mais desencorajado, desmotivado. Esse desejo de reconhecimento não satisfeito gera decepção e um sentimento de injustiça.

Nas profissões voltadas para a saúde, a confrontação contínua com a morte, a senilidade e a doença dão à vida um aspecto angustiante. O trabalho em uma casa de repouso, num estabelecimento de cuidados de longa duração ou em uma unidade de psiquiatria exige pesadas sobrecargas físicas e psíquicas. Aquele que cuida deve ajudar a pessoa idosa dependente a se levantar, a deitar, a ir ao banheiro, a se locomover e a comer. Essa dependência transmite ao atendente uma imagem negativa da velhice, alimenta o medo da decadência física e psíquica antes da morte. As trocas com os pacientes desses setores são limitadas e, quando existem, permanecem fixas em um mundo fechado e sem futuro. Os serviços de saúde recebem cada vez mais idosos e pacientes em fase terminal. Os prontos-socorros e serviços de reanimação tanto quanto os serviços ambulatoriais exigem rapidez de ação e não permitem que haja uma conversa privilegiada com o paciente. Os serviços de cirurgia vêem a duração média da estada diminuir em função das despesas ligadas à saúde, à ocupação dos leitos e aos progressos tecnológicos, de modo que os atendentes dessa área têm um rodízio de pacientes cada vez mais considerável. As tarefas habituais não são forçosamente acompanhadas de um diálogo com o paciente, seja porque os profissionais não tenham realmente tempo ou porque se refugiam na postura técnica. A doença causa medo, porque os profissionais não controlam a sua evolução e ela reflete aquilo que lhes pode acontecer. Eles se protegem por meio da postura técnica para controlar suas emoções e o sentimento de impotência diante da dor.

Quando um paciente morre, a equipe que o esteve atendendo sofre um choque ligado à dor da perda, ao sentimento de culpa (foi feito realmente tudo o que era possível para salvá-lo?). Ela é confrontada com as lágrimas e a raiva da família, à procura de explicações. Os profissionais são dedicados em seu combate contra a morte. Auxiliados por uma tecnologia e pesquisas de ponta, eles têm a sensação de fazer a doença regredir. Sentem ainda mais o fracasso quando se trata de crianças. Um fracasso é um questionamento, uma frustração, um sofrimento. Esse sofrimento pode tomar a forma de indiferença ou de agressividade. As relações muitas vezes tensas entre médicos, enfermeiros, atendentes, agentes hospitalares e a administração acentuam o stress. Raramente se testemunha reconhecimento ao pessoal dos hospitais.

O trabalho em horários alternados ou noturno pode provocar em alguns uma disfunção tanto em relação ao sono quanto à alimentação. No âmbito da empresa, os fatores de stress são inúmeros:

- relações conflitantes;
- pressão dos clientes, dos superiores, da concorrência e dos acionistas;
- corrida pela promoção e pelos objetivos;
- trabalho urgente, falta de tempo;
- isolamento em um cargo de direção;
- incerteza com relação às ações a serem empreendidas;
- excesso de trabalho;
- normas de produção e controle de qualidade;
- crescimento excessivo da empresa;
- falta de qualificações;

- vaga visão estratégica;
- lacunas de comunicação;
- adaptabilidade constante à tecnologia;
- aviso de demissões coletivas, de reestruturação;
- precariedade do emprego;
- assédio sexual ou moral: a agressão verbal, física, sexual ou moral é humilhante e abala a dignidade e o respeito da pessoa. Provoca a desvalorização do indivíduo e um sentimento de insegurança. A pessoa assediada sofre profundamente, fechando-se no silêncio e no isolamento. Acaba por pensar que pode ter sido responsável por aquilo que lhe aconteceu.

Certos quadros e chefes de empresa ou pessoas que exercem profissões liberais sacrificam a sua vida pessoal pelo trabalho. É ele que lhes permite alcançar o reconhecimento do seu valor e ocupa um lugar importante em seu equilíbrio psíquico. Nós os chamamos de *"workaholics"*, os obcecados pelo trabalho. Eles investem tudo em sua profissão, porque suas carreiras lhes dão um sentido para a vida ou, melhor dizendo, os atordoa. Com o correr do tempo, o fato de consagrar a vida exclusivamente à sua profissão conduz a pessoa a um esgotamento físico e emocional. Se, por infelicidade, eles perdem o emprego, eles perdem tudo. A idade da aposentadoria é vista como um verdadeiro castigo. Esses trabalhadores obstinados se encontram subitamente com tempo livre. Nunca tinham tido tempo para o lazer e não sabem o que fazer. A aposentadoria é associada a uma inatividade forçada que eles não sabem administrar, porque não a previram.

O trabalho é importante na construção da dinâmica da identidade. Sem trabalho, você não tem o reconhecimento social. Estudos nos permitiram estabelecer a ligação entre o trabalho e a satisfação social, e vincular o desemprego à mortalidade. Essa mortalidade dos que procuram emprego se deve a problemas cardiovasculares provocados por excesso de stress, câncer e suicídios no caso de desempregados jovens. A perda de identidade, de papel social e de auto-estima altera, portanto, a saúde física e psíquica.

Entretanto, o stress pode surgir ao mesmo tempo do trabalho e da falta dele. A sua origem se encontra na mudança do ambiente. Você pode perceber em sua vida profissional uma ameaça que não existia antes e à qual não pode fazer face. Essa ameaça não é somente exterior; pode vir de dentro. Você pode se sentir perdido em seu trabalho, julgar-se ultrapassado e incompetente. Além disso, se estiver à procura de um emprego, pode se esforçar ao máximo para achar um trabalho e se sentir ferido com uma recusa. Uma estratégia eficaz de luta contra o stress durante um curto espaço de tempo pode não se mostrar eficaz para um período mais longo. A esse stress se alia um sentimento de frustração. Durante a primeira fase de implantação da sua estratégia de procura de emprego, você está com o moral de um vencedor. Mobiliza a sua energia para redigir seus currículos, consultar os anúncios e comunicar-se com as entidades de apoio. Está inundado pela esperança de alcançar os seus objetivos. É na espera e no retorno negativo das primeiras respostas que se instala a dúvida. O tempo é o seu pior inimigo. Quanto mais ele passa, mais põe em questão a sua estratégia e o seu valor, não somente diante dos outros, mas também a seus próprios olhos. Se desanimar durante essa fase, se você se sentir incapaz de enfrentar essa realidade, está se arriscando a ver se instalarem a angústia e a depressão.

Se o trabalho permanece uma força motriz que favorece a saúde, ele comporta também uma dimensão de sofrimento se o cansaço se fizer sentir. Esse mal latente oferece um campo próprio para a patologia com a utilização de psicotrópicos (álcool, ansiolíticos, antidepressivos), o surgimento de problemas músculo-esqueléticos, esgotamento profissional ou *burn out*, neuroses provocadas por assédio e acidentes de trabalho.

• As condições de vida, a doença e a velhice

A falta de sono, a má alimentação, o consumo de álcool, o hábito de fumar e o sedentarismo instalam sorrateiramente um terreno propício ao stress. As condições de vida são ao mesmo tempo a causa e a conseqüência do stress. Se tem dificuldade para dormir, se fuma em excesso, se toma revitalizantes, você já está sob tensão, e o fato de estar preso a uma engrenagem de consumação excessiva acaba por encerrá-lo cada vez mais em um círculo vicioso.

A notícia de uma doença grave provoca um choque e pode ser um importante fator de stress. Ela isola o doente e projeta nele imagens de sofrimento e de morte. As reações que se seguem à notícia dependerão do grau de apego pessoal profundo à doença e à angústia de morrer. Os progressos da medicina, os cuidados e a qualidade de vida aumentaram a esperança de vida nos países desenvolvidos. Se a terceira idade é dinâmica, a quarta idade, por sua vez, levanta as grandes interrogações sobre o fim da vida.

A passagem da vida ativa à de aposentado se caracteriza pela substituição do trabalho por outras ocupações. Enquanto você tiver projetos, o espectro do envelhecimento será rechaçado, mas a mudança em si é estressante. A aposentadoria, ainda que fortemente reivindicada durante a vida ativa como um direito ao lazer e ao descanso, pode ser vivida de uma maneira difícil em função do rebaixamento do poder aquisitivo, de um sentimento de inutilidade social, de uma falta de reconhecimento (sobretudo para aqueles que têm o poder decisório) e da desaceleração das atividades. Inconscientemente, a aposentadoria restringe progressivamente as suas relações com a sociedade e você não sabe o que fazer com a sua recém-adquirida liberdade. Aqueles que cultivaram um passatempo ou doaram tempo e experiência para alguma associação adaptam-se melhor que aqueles que consagraram a vida ao trabalho.

O modo como você vive a sua velhice depende dos seus centros de interesse e do tipo de relações que mantém com a família e os amigos. Se você está em idade avançada e sofre de uma deficiência física (problema de vista, de audição, de mobilidade ou de incontinência), fica difícil gozar de uma autonomia que salvaguarde a auto-estima e a alegria de viver. Os lutos, a inutilidade econômica e social e a rejeição provocam um sentimento de abandono. As pessoas idosas não são mais o símbolo da sabedoria, da tradição e do saber. A tecnologia destronou a experiência e favorece o afastamento do velho. Essa visão da velhice é um fator de stress.

• Os distúrbios emocionais

A emoção é uma perturbação física que designa tanto uma sensação agradável quanto uma desagradável. O termo "emoção" vem da palavra "moção" que significa "movimento". Emocionado, você sente um movimento que vem de dentro (estado de consciência provisória) em direção ao exterior (distúrbio fisiológico: palidez ou ruborização, palpitações, tremores). A emoção encontra a sua origem na sua educação, nas suas crenças e na sua imaginação, para dar uma resposta mais ou menos adaptada à situação. Ela se constitui de representação mental, modificação do estado fisiológico, expressão corporal e tomada de consciência. Compreender a origem das suas emoções pode ser intelectualmente satisfatório, mas como administrá-las quando elas o mantêm em uma condição de dor, constrangimento, doença e até de paralisia total? Você tem um traço de caráter central em torno do qual se articulam as diferentes facetas da sua personalidade. É o princípio que originou o *eneagrama* (polígono com nove ângulos e nove lados), cuja formulação é atribuída a Pitágoras. O eneagrama contém as nove tendências do homem citadas em numerosas culturas e religiões: a cólera, o orgulho, a falsidade, a inveja, a avareza, o medo, a gula, o excesso e a preguiça. Essas nove paixões são mecanismos de defesa condicionados que permitem a adaptação das pessoas ao seu meio. A essas nove tendências estão associadas as nove virtudes correspondentes: a serenidade, a humildade, a veracidade, o desprendimento, o desinteresse, a coragem, a sobriedade, a moderação e o esforço. Cada pessoa forma uma dupla paixão/virtude que define a sua personalidade: cólera/serenidade – o perfeccionista; orgulho/humildade – o altruísta; falsidade/veracidade – o combativo; inveja/desprendimento – o romântico; avareza/desinteresse – o observador; medo/coragem – o leal; gula/sobriedade – o epicurista; excesso/moderação – o chefe, e preguiça/esforço – o mediador.

O mecanismo de proteção que você adquiriu na infância está baseado na sua visão infantil do mundo. Por exemplo, se você acredita que a sua infância foi ameaçadora, então decidiu nunca parecer vulnerável, porque segundo a sua crença o fraco é esmagado. Você adquiriu as características fortes do chefe. Se sentiu o mundo como um importuno, vai proteger o seu território e observar as coisas e as outras pessoas para não ser invadido. O seu isolamento o tranqüiliza e você é o observador.

A redação do seu diário de sonhos lhe ensinou a distinguir entre o que pensa que é e o que quer ser. Os pesadelos lhe revelaram os seus medos. O eneagrama se sustenta sobre essa mesma teoria. Segundo o sistema do eneagrama, você sente um medo particular que domina as suas emoções. Assim, o perfeccionista tem medo de errar; o altruísta, de não ser reconhecido; o combativo, de fracassar; o romântico, de ser abandonado; o observador, de ser invadido; o leal, de ser enganado; o epicurista, de ser coagido; o chefe, de deixar de sê-lo, e o mediador, de ficar preso a um conflito. O medo, a primeira emoção da base do stress, perdeu a sua qualidade adaptativa. Você é responsável pelos seus sofrimentos porque se defende sempre da mesma maneira em função de suas crenças. Você vive segundo uma fixação centrada em seu próprio ego. A felicidade pede que combata as suas paixões e opere uma mudança graças à análise dos seus pensamentos. Pela abordagem da sua vida interior, você desenvolve virtudes e faz desabrochar os seus talentos. A sua energia não se dissipa mais na paixão; ela se difunde amplamente em direção à realização do seu ser para que, por sua vez, você sirva aos outros. Você expressa os nove pares paixão/virtude em uma complementaridade global que o leva a viver segundo as regras e a moral, a praticar a empatia e prestar serviços aos outros, a ter confiança em si mesmo e no seu sucesso, a viver as suas emoções e ser criativo, a argumentar e saber guardar um distanciamento, a assegurar a sua segurança e a dos outros, a aproveitar o momento presente, a dominar situações e a procurar a harmonia. Depois do número nove vem o número dez que o leva simbolicamente à unidade, ao Todo, à natureza divina. O nove adquire assim o seu significado completo quando exprime a última etapa que leva à sua realização.

• Os laços afetivos

Os acontecimentos dolorosos como o luto e o divórcio questionam os seus hábitos ao pôr um fim àquilo que você considerava durável. A separação gera a angústia e um importante sentimento de frustração. A perda do cônjuge é um verdadeiro cataclismo, porque questiona todo o funcionamento da célula familiar (orçamento, autoridade paterna, identidade da pessoa [viúvo, divorciado], divisão de atribuições, etc.). É preciso assumir a solidão e um novo *status* social. Os viúvos e os divorciados não são recebidos da mesma forma pelos amigos comuns. A separação apaga o passado do casal e condena os projetos para o futuro. O divórcio dá a quem é abandonado um sentimento de fracasso e de luto, um sentimento de injustiça.

A perda dos pais pode causar um esfacelamento da família e favorece o sentimento de envelhecimento. Você não tem mais o papel de criança. Entretanto, talvez você tenha o de pai e, quem sabe, o de avô.

A morte de uma criança é ainda mais dolorosa. A morte de uma criança não obedece à lógica da vida. O desaparecimento de um filho ou uma filha o priva de sonhos e esperanças que tinha em relação a esse ser. Pode se sentir culpado por não ter sabido protegê-lo ou por não tê-lo prevenido contra certos perigos.

O suicídio de um membro da família gera inúmeras interrogações além de um grande sentimento de culpa: "Por que ele fez isso? Por que não desconfiei de nada?" Vem junto a cólera reforçada pela inutilidade dos seus sentimentos a respeito: "Que egoísta! Ele só pensou em si mesmo à custa da dor dos outros".

Os desaparecimentos de crianças, que não permitem o luto, envolvem ao mesmo tempo uma carga de esperança e uma série de imagens terríveis de estupro, morte, prostituição, drogas e seitas.

Os momentos difíceis da vida são fatores de stress, mas os acontecimentos felizes como o casamento e o nascimento de uma criança podem igualmente ser a origem de um stress importante na medida em que se constituem numa ruptura com o modo de vida anterior.

Se para alguns a mudança é sinônimo de stress, para outros, a causa real é bem mais profunda. Está na própria natureza do homem. Com efeito, graças ao trabalho e a suas inúmeras formas de lazer, o homem se atordoa e tenta esquecer na verdade o seu profundo medo da morte. Somente a doença e a velhice vêm perturbar a ilusão de imortalidade.

Entre o trabalho e o consumo, o homem procura esquecer a precariedade de sua condição sobre a terra. A aquisição de bens dá um sentido à sua vida e a perda deles lhe parece muitas vezes mais terrível do que a própria morte. A novidade e a raridade prometem prazeres que dão uma sensação de felicidade. Assim, quando os objetivos tão desejados são atingidos (promoção, eleição, aumento de salário, férias de luxo), o homem se adapta muito rapidamente à nova situação e passa a aspirar a novos horizontes. Enquanto os objetivos são realizáveis e percebidos como uma jogada agradável, o stress pressiona para o desempenho. Nesse caso, ele é bem administrado. A partir do momento em que surgem os obstáculos, a aposta se torna uma obsessão. A dúvida se instala, a autoconfiança diminui: se outros colegas forem bem-sucedidos onde você estagnou, a sua imagem irá se deteriorar muito rapidamente. Os prazeres desaparecem quando se situam no mesmo grau de antes. Se você deseja se libertar dos fatores negativos do stress, é preciso então definir o seu próprio estresse e suas manifestações para em seguida os debelar.

A montagem de uma estratégia anti-stress

Um stress mal administrado pode gerar doenças e prejudicar de maneira geral a qualidade de vida. Esse é o motivo pelo qual você deve criar uma estratégia coerente para lutar contra as tensões permanentes que lhe dão a impressão de não dominar a situação.

• Conhecimento de si mesmo e auto-estima

A sua educação, a sua experiência e os seus valores morais lhe permitiram adquirir pensamentos, juízos, interpretação e antecipação que são chamados "cognições". A análise dos pesadelos já o levou a ter acesso ao inconsciente. Os seus pensamentos são o fruto das suas crenças que correspondem aos mecanismos cognitivos inconscientes. São as suas crenças que o fazem avaliar inconscientemente uma situação para concluir que ela é inadmissível, suportável, triste, e assim por diante. Pelo esforço de reflexão que se seguirá, você trabalhará os seus pensamentos, os quais podem lhe dar uma interpretação errônea da realidade: superestimação ou subestimação das exigências, do perigo ou da sua imagem.

Se você acha que tudo é possível, vai fazer de tudo para obter o resultado pretendido e vai agir com confiança. Você tem uma boa auto-estima. A auto-estima provém da educação que recebeu. Você a adquiriu e desenvolveu graças aos incentivos, à confiança depositada em você e ao amor dos seus pais e de outras pessoas à sua volta. O tempo necessário para alcançar o seu objetivo não vai abalar sua convicção e nem gerar estresse. Ao contrário, se você duvidar de suas aptidões ou se for ansioso por natureza, qualquer mudança ou qualquer espera será insuportável. Vai imaginar toda uma série de perigos. Em situações de pouco ou nenhum risco, vai investir a mesma energia que nas situações de alto risco. Esse controle permanente do meio é desgastante, mas se torna verdadeiramente necessário para as pessoas angustiadas que vivem imaginando múltiplas catástrofes. A ansiedade pode ser um estimulante para controlar a situação e divisar todas as eventualidades, mas é um terreno favorável para o stress. Você tem pensamentos irracionais provocados pela ansiedade quando as suas idéias assumem a seguinte forma: "A vida é uma catástrofe, não existem soluções perfeitas que limitem os riscos, é preciso estar sempre vigilante". Se você tem um temperamento ansioso e a tendência para imaginar o pior, trabalhe para relativizar as conseqüências do pior. Faça uma lista e visualize as soluções de substituição. De tanto realizar esse exercício, vai perceber que nem todas as conseqüências são assim terríveis quanto você imaginava e que existem sempre soluções de reserva. Você acredita que o mundo não seja confiável porque não confia muito em si mesmo. É, portanto, difícil confiar nos outros. A confiança em si favorece a ação; ela permite sofrer os fracassos e superá-los.

Ao analisar os pesadelos, você compreendeu que enxerga a vida como muito perigosa e que tem baixa auto-estima. A auto-estima se constrói graças à confiança em si, à visão sobre si mesmo e ao amor a si mesmo. Amar a si mesmo não é sinônimo de egocentrismo; parte do princípio de que é preciso amar-se para estar em condições de amar os outros. Você se concede a benevolência. As trocas com os outros se apóiam sobre a confiança recíproca e você não confunde uma divergência de ponto de vista com uma crítica a seu respeito. Se sofre uma crítica, você não fica abalado. Estabelece com honestidade os pontos negativos da sua ação, quando houver oportunidade. Caso contrário, sabe resistir e continuar a luta se a causa for justa. A visão sobre si mesmo lhe permite avaliar as suas qualidades, os seus defeitos, o seu potencial e os seus limites. Ela vai lhe dar a perseverança necessária diante dos obstáculos e contratempos.

Se tem tendência a não confiar facilmente e a ficar na defensiva, você é desconfiado por natureza. Você não consegue discernir a brincadeira da zombaria. Não tem senso de humor e é muito suscetível. Você não tem uma opinião muito boa de si mesmo. Os seus pensamentos são mais ou menos assim: "Se ele me disse isso, é que ele pensa ao contrário; se ele se preocupa comigo, é puramente por interesse porque não consigo enxergar o que ele veria em mim..." A sua falta de confiança nos outros provoca uma certa rigidez que o priva do apoio social e de amigos. Você tem dificuldade para trabalhar em equipe ou para delegar o seu trabalho. Pode sofrer com essa solidão e se sentir deprimido por experimentar constantemente essa desconfiança. Esse estado não é definitivo. Quando os seus pensamentos destruírem a sua própria imagem, tome consciência disso e retifique-os. Impeça esses pensamentos paranóicos de desvalorizá-lo. Não os deixe nem veicular a ambigüidade sobre as opiniões dos outros nem colocar todo mundo no mesmo patamar (a Terra é totalmente povoada de gente ruim!). Pare de pensar que não precisa de ninguém, que é inútil ser ajudado e que não pode ter confiança em ninguém.

Se tem a noção do trabalho bem-feito, você adora que tudo esteja perfeitamente em ordem, dá importância aos mínimos detalhes e segue rigidamente as regras. Você teme a imperfeição e tudo deve ser verificado sistematicamente. Não delega porque, de toda forma, vai ser você quem vai controlar o trabalho confiado, portanto prefere você mesmo fazê-lo! Os seus pensamentos irracionais seguem essa linha: "É primordial tratar as coisas nos mínimos detalhes; a competência não passa nunca pela improvisação; uma coisa bem-feita não se subestabelece". Gerir a sua vida na perspectiva da perfeição exige vigilância e tensão permanentes. Não acreditar na seriedade dos outros o faz trabalhar sempre sozinho e o leva ao esgotamento. É no momento de descontração que brota a criatividade e não quando se concentram todos os esforços para atingir um objetivo. Você sente necessidade de prever e de organizar, mas pode aprender a delegar partes de uma tarefa e guardar o controle do programa geral. Tome consciência de que ao se envolver com detalhes você perde de vista o objetivo final. É possível substituir os pensamentos obsessivos por pensamentos agradáveis que virão contrabalançar as suas posições. É importante realizar os seus objetivos para ser feliz e não se perder nos detalhes. A melhor competência é o compartilhamento da habilidade complementar. Dividir as emoções é uma fonte de satisfação.

Se gosta de ser reconhecido, apreciado e amado, você pratica esporte e cuida da sua imagem. Permanece atento ao seu equilíbrio alimentar a fim de conservar uma boa forma física. É preocupado com sua aparência física e tem um certo charme. Aliás, você o utiliza... Os seus pensamentos narcisistas evocam o seu sentimento de estar acima da média: "Eu sou o melhor; é primordial ser amado no momento exato em que conheço alguém; eu consigo tudo aquilo que quero". A vida lhe demonstra todos os dias que você tem razão de acreditar, porque a sua confiança em si mesmo o leva adiante. Você se dá bem socialmente, sabe vender as suas qualidades, porque está realmente convencido do seu valor. Você está mais protegido contra o stress porque tem uma confiança natural na vida, pensando que pode verdadeiramente influenciar o seu destino. Fica vulnerável quando o luto, a separação ou a doença o atinge. Nesses momentos, você se torna como os outros: um ser humano com seus limites. Sente um sofrimento enorme ao ser abandonado pelo cônjuge, ao enfrentar a doença que degrada a sua imagem ou ao sofrer a perda de um ente querido. O choque emocional é mais forte, porque você está menos preparado que os outros. Entretanto, você abre o seu coração para as pessoas e tenta uma certa empatia. Sente gratidão pela gentileza dos outros, que não é um dever, e se empenha em relações em que todos saem ganhando.

Se você adora a competição e tem um espírito combativo, então trabalha sob pressão e adora ser bem-sucedido socialmente. O seu tempo é administrado com marcação cerrada e você gosta de combater em todas as frentes: na empresa, no esporte, na política, etc. Os seus propósitos devem ser reconhecidos, porque adora convencer os outros! Você trabalha sem trégua, não é do tipo que fica sem fazer nada. Você afirma que "os desafios são feitos para serem vencidos, que querer é poder, que o stress é positivo e dá condições para que cada um se supere". As suas crenças partem do princípio de que o mundo não o ama pelo que você é, mas por aquilo que você realiza. Você se reconhece nos resultados de suas ações. Vive a cem por hora e não perde tempo se recuperando. O seu risco de sofrer um infarto é maior do que o dos outros tipos de personalidade e aumenta com outros fatores negativos (falta de sono, excessos alimentares, tabagismo). A partir de agora, faça uma seleção entre as suas múltiplas atividades. Estabeleça prioridades, alternando as atividades indispensáveis com as de prazer e de liberdade. Descarte aquelas que não contribuem em nada para o seu desenvolvimento pessoal. Consagre mais momentos especiais para a família. Saiba buscar formas de lazer mais calmas e momentos de repouso em que possa escutar música suave. Aprenda a abandonar o parecer para se dedicar ao ser.

Você ama as atividades solitárias. Dialoga com dificuldade e pensa que "as outras pessoas são cansativas e todos os mal-entendidos e problemas provêm das relações com os outros". É feliz quando está completamente sozinho. O seu trabalho quase não exige que estabeleça contatos. A sua vida interior é rica. Em compensação, você sente que a sua vida privada reclama a necessidade de se relacionar com os outros. Do mesmo modo, você sabe que qualquer promoção passa certamente pela qualidade do seu trabalho, mas igualmente por uma negociação salarial. O seu stress nasce nesse tipo de situação, isto é, aquela que exige que você se comunique e expresse as suas emoções. Sente o seu isolamento nas situações dolorosas, como na morte dos seus pais, que o compreendiam sem que precisasse dizer nada. A partir de hoje, tente abrir o seu espaço vital para os amigos e liberar mais as suas emoções. Você não vive fora do mundo, mas dentro dele.

Se tem tendência a ser pessimista, a ficar triste, deprimido e cansado, os seus pensamentos não são jamais positivos: "A vida é difícil; o mundo é duro e egoísta; o futuro não é cor-de-rosa; não tem lugar para mim neste mundo..." Você se sente menos preparado que as pessoas à sua volta para enfrentar o dia-a-dia. A vida lhe parece uma luta permanente e exige esforços diários. Se você tem filhos, preocupa-se demais com o futuro deles. Os jornais confirmam a sua visão de mundo (insegurança, globalização, guerra, desemprego, doenças terríveis como o câncer e a Aids, violência sexual). Você se sente vulnerável. Não gosta de sair, encontrar outras pessoas; prefere ficar em casa. Daqui para a frente, trabalhe a sua tendência depressiva comparando sistematicamente a sua percepção de uma situação ou de uma emoção com a realidade. Pare de sustentar as suas idéias negativas. Por exemplo, se ler em um jornal que atualmente mais e mais casos de câncer de tireóide são registrados, essa informação não deve forçá-lo a acreditar que todas as pessoas vítimas de câncer morrem. Você faz uma distorção cognitiva. A informação adequada (que poderia se comparar à sua opinião) seria a de estatísticas sobre as taxas de cura e de mortalidade ligadas ao câncer. Viver com pensamentos negativos significa não poder mais aproveitar os prazeres da vida. O objetivo da comparação é modificar pouco a pouco a sua visão da vida a fim de quebrar os seus pensamentos sistematicamente negativos. Tente integrar gradativamente as informações positivas, volte a sua atenção para o fato de que na vida nada jamais é apenas preto ou branco. Aprenda o jogo das nuances. Conceda-se os pequenos prazeres pessoais. No começo, você vai acreditar que realmente não precisa de nada, mas não vai cair na armadilha desse pensamento restritivo. Vai encontrar uma idéia que o conduzirá na direção de alguma coisa ou de alguém. Vai se esforçar para enxergar a beleza. Vai vê-la em detalhes ínfimos: a delicadeza de uma flor, o perfume da floresta, o olhar de uma criança, o sorriso de um amigo. A felicidade não tem nem o tamanho de um gigante nem tempo de duração. É preciso saber aproveitá-la quando ela surge, quando está presente.

Se conta com os outros para viver, se tem necessidade de ser amado para se sentir bem, você depende da opinião dos que o rodeiam. Precisa do conselho deles, necessita ser tranqüilizado com relação ao seu próprio valor, porque lhe falta autoconfiança. Os seus pensamentos se orientam seguindo a idéia de que "a união faz a força, ficar sozinho é a pior coisa que pode me acontecer, os outros sabem melhor do que eu o que é bom para mim". Você sente que precisa ser aceito pelos outros. A sua angústia diária carrega o espectro da exclusão de tal forma que você não ousa jamais dizer não, está sempre pronto a negociar os compromissos. No trabalho, assume sempre o que os seus colegas não querem fazer. Os seus pensamentos são sempre voltados para aquilo que os outros vão dizer ou pensar de você. Está correndo o risco de passar ao largo da sua vida, dos seus desejos e das suas aspirações. Você é adulto e o seu comportamento é infantil. Antes, você precisava ter o aval dos seus pais e isso era normal, porque ainda não tinha autonomia. Hoje, você alcançou a sua independência e deve aproveitá-la. Os seus pesadelos revelam a sua tendência a se sentir vulnerável. Talvez você tenha medo do fracasso e não ouse enfrentar sozinho a situação. É mais fácil se refugiar atrás de outro afirmando que ele lhe deu um mau conselho. E se começar a tomar pequenas iniciativas sem o conselho de ninguém? Por exemplo, fazer uma compra em que o único risco existente é a quantia paga. E se expuser uma de suas idéias diante de um amigo para avaliar as conseqüências? Vai perceber que esse amigo não vai lhe dar as costas se você deixar de compartilhar com ele uma opinião entre tantas outras. Você confere aos outros um poder que eles não possuem. Arrisca-se a ficar cego diante das suas próprias possibilidades. Você abafa o seu potencial. É aceito por todos, é verdade, mas a que preço? O preço de não ser amado por si mesmo.

Do lado direito da página do seu diário, você analisou as suas exigências inconscientes. A reflexão sobre o seu modo de pensar vem reforçar o conhecimento que tem de si mesmo; isso é necessário, porque a insatisfação permanente dos seus desejos leva ao stress, ao desânimo e à depressão. Ao tomar consciência das suas forças e das suas fraquezas, você aceita mais as dos outros. Enriquecido com essa nova percepção, você pode antecipar as suas reações diante de acontecimentos que trazem consigo o stress. Fica mais apto a tomar boas decisões e a se comunicar. Aceita viver as suas emoções e está mais atento às dos outros. A limpidez dos seus pensamentos permite que se expresse com precisão e evite mal-entendidos. Os seus pesadelos o abrem para uma escuta ativa, para a tolerância e um verdadeiro diálogo baseado na compreensão. Você sabe reconhecer os seus erros e admite críticas, porque elas não põem em jogo o que você apreendeu sobre si mesmo. Não teme que as pessoas à sua volta o fragilizem; em relação a isso você está mais atento a elas. Está aberto a um leque de emoções por tê-las descoberto. Quanto mais evolui em sua análise dos sonhos, mais percebe a vida como uma seqüência de experiências que o fazem crescer. Os pesadelos o obrigam à comparação com a realidade. Ela é menos terrível do que o medo que lhe infundia. As experiências não o aniquilam mais nem o privam da liberdade de empreender.

Ao mudar sua maneira de pensar, você pode acabar com o stress e controlar a situação perturbadora. Você se impede de tirar conclusões apressadas e de ressaltar o detalhe em prejuízo da situação geral. Questiona os seus pensamentos estressantes e, para isso, dispõe-se a detectá-los, analisá-los e superá-los. A administração do stress não exige que as crenças sejam erradicadas, mas as tornam mais flexíveis, menos dogmáticas.

- **Modificação de comportamento**

O seu organismo responde à informação exterior em função das conseqüências imaginadas. Ele vai avaliar a situação e reagir em função da experiência adquirida. O seu comportamento depende ao mesmo tempo das circunstâncias e do seu sistema de valores e de crenças.

Quando você era criança, se cada vez que respondesse mal aos seus pais recebesse um tapa no rosto, teria aprendido a ser educado ou a proteger o rosto. Esse comportamento destaca a aprendizagem inicial. Pouco a pouco o seu organismo adotará respostas idênticas ao fazer associações, ao estabelecer ligações entre a ação e o resultado. Quanto maior for a satisfação, mais você reproduzirá a ação geradora. Quanto mais significativa for a insatisfação, mais vai evitá-la. Se você foi educado segundo o princípio de que a sociedade não pode funcionar senão pela aplicação estrita das normas (aos seus olhos, o princípio dos seus pais tornou-se um valor) e você está persuadido disso (crença) – para você, toda infração deve ser severamente punida. Inversamente, o respeito cerrado à hierarquia e às normas deve ser recompensado. Se um dos seus colegas de trabalho chega sempre atrasado, mesmo que se trate de um ou dois minutos, você vive a situação com muita dificuldade. Passa rapidamente da exasperação à cólera. Está constantemente irritado e não percebe nunca a capacidade de trabalho da pessoa ou a sua tendência a ir embora mais tarde. A sua maneira de pensar deforma a sua percepção do outro.

Você não pode transformar as crenças e os valores dos outros. Em compensação, pode modificar o seu comportamento. Você é tratado pelos outros de acordo com as suas ações. Se tem um temperamento forte, isto é, fica bravo com facilidade, você constata que a sua agressividade gera violência nos outros, o que aumenta a sua cólera. Você se mantém na certeza de que tem razão de se irritar para melhor se defender. Assim, o seu sistema inconsciente de defesa limita a sua visão de mundo e gera um comportamento repetitivo. Se a sua personalidade é baseada no fato de que não deve se deixar conduzir, as suas crenças afirmam que aqueles que se deixam dominar são fracos. Os seus sentimentos tomam a forma de desprezo pelos fracos. Você manifesta agressividade para não se achar na condição de fraco. É agressivo quando obriga os outros a se submeterem às suas exigências sem se dar conta das necessidades deles. Se não modificar a sua maneira de agir, vai recair no círculo vicioso da combatividade e ficar cada vez mais estressado. O mundo não é tão duro quanto você imagina. Aprenda a controlar os seus impulsos! Pode começar pelas coisas mais simples como não ficar nervoso ao volante do carro. Os seus xingamentos não vão mudar nada no comportamento do outro; por outro lado, vão aumentar muito o seu stress, inutilmente. Quando se tratar de uma discussão entre amigos ou entre colegas, controle o seu nervosismo respirando profundamente e prestando atenção ao que lhe é dito. Vai perceber que os argumentos do seu interlocutor vão abalar as suas certezas sobre esse ou aquele ponto. Se você não o deixar acabar de falar, vai se privar de opiniões certamente divergentes, mas interessantes.

Se você acumula stress pelo simples fato de ter um comportamento inibido, o seu trabalho com relação à autoconfiança o leva a expressar pouco a pouco os seus sentimentos. A auto-suficiência é restritiva e o entusiasmo compartilhado nos dá asas. Tenha sempre presente na mente que se conservar sempre a mesma atitude, vai colher um resultado semelhante. Você é prisioneiro da sua rigidez, que limita consideravelmente o seu potencial de ações. A flexibilização do seu comportamento abre as portas da liberdade. A sua capacidade de não interpretar constantemente o papel de carrasco, de vítima ou de salvador vai lhe dar o prazer de saborear a vida e de se abrir para os outros. Você é carrasco quando o seu poder repousa na ameaça e no medo; vítima, quando deixa que os outros decidam em seu lugar; salvador, quando se sente investido da missão de substituir outra pessoa. Aprenda a responder de formas diferentes aos acontecimentos que se apresentam. O seu repertório se adapta às circunstâncias. Quanto mais você for flexível como o junco, mais vai resistir à tempestade. A flexibilidade dá uma dimensão mais ampla à sua reflexão. Se você não chega a atingir um objetivo seguindo por uma via precisa, não vai se obstinar em ir adiante custe o que custar – vai definir algumas outras vias. E será nessa possibilidade de escolha que o equilíbrio irá se instalar e que o stress vai desaparecer. Não vai mais se conservar eternamente na mesma situação. Você pode escapar disso imaginando outras alternativas e adotando um novo comportamento. Passa a se recusar a funcionar apenas por obrigação ou proibição. Introduz a fantasia em seu universo. Constrói a sua segurança no amor e na ternura! A obstinação em uma situação estressante é perigosa. O recuo e a retirada não são fraquezas. Vão lhe permitir repensar a situação e escolher uma resposta diferente da que tinha sido dada anteriormente.

- ## Aceitação de uma mudança

A sua resistência a mudanças é um importante fator de stress. Você recusa qualquer mudança, porque atrás dela se esconde o seu medo. A sociedade, a vida profissional e familiar sempre viveram e conheceram grandes reviravoltas: trabalho das mulheres, aumento da expectativa de vida, globalização, urbanização, progresso tecnológico em todos os domínios, particularmente graças à informática e à comunicação. Essas mudanças exigem esforços de adaptação permanentes sob pena de exclusão do mundo do trabalho e da vida moderna em geral. Elas exigem uma formação contínua e acarretam deslocamentos da mesma forma que o rompimento da célula familiar. Quanto mais você tem a impressão de sofrê-las e de se sentir destituído, maior é o seu stress e mais você limita o seu universo a pontos de referência precisos. Se, ao contrário, você se transforma permanentemente com esse mundo em evolução, você tem o sentimento de dominá-lo. Não fica com medo dessas mudanças. Se tem a felicidade de antecipá-las, essas mudanças previsíveis se tornarão simples ondas que o devolverão sempre à praia. Ao se adaptar permanentemente, você se torna um aventureiro e precursor.

A mudança indica o desconhecido, e este último desperta mais os medos do que a paixão. Ele questiona as suas competências e ameaça as suas garantias atuais. Para superar as suas resistências, você pode participar da mudança e não se deixar guiar por idéias negativas preconcebidas e pressões imaginárias. Se a mudança é irremediável, faça uma lista das vantagens que ela traz. Certamente, aprender a navegar na Internet exige um esforço, mas o custo da sua comunicação com seus filhos que estão no estrangeiro vai ficar menor. A pesquisa de informações e os pedidos de encomendas vão se dar mais rápida e facilmente. Engajar-se na mudança com serenidade é ser capaz de desenvolver novas crenças. Para ter coragem de mudar, é preciso se apoiar na auto-estima e partir com confiança pelos caminhos da descoberta e do aprendizado. A reflexão sobre os seus pesadelos lhe deu um impulso de desenvolvimento pessoal; ponha essa energia a serviço da sua realização.

• Mudança de hábitos

Quando o stress se instala, você se torna mais vulnerável, porque o seu corpo manifesta, à sua revelia, uma estratégia de adaptação. Você sente a necessidade, de acordo com a sua personalidade, de comer chocolate ou de comer mais, de tomar um copo a mais de bebida, beber mais café ou tomar medicamentos. O efeito é passageiro, mas as conseqüências da dependência se instalam e podem prejudicar a sua saúde.

A alimentação é a sua fonte de energia; é a base da sua vitalidade. O stress pode perturbar o sistema digestivo, tanto mais que, ao ficar estressado, você tem a tendência de comer rápido e mal. O equilíbrio alimentar é importante na forma de três refeições diárias, que devem ser feitas a intervalos regulares, sentado a uma mesa, sem fazer outra coisa a não ser comer (nada de televisão, nem de leitura, nem de computador!). Use o seu tempo para mastigar os alimentos. Fique atento ao modo como são cozidos e conservados (a comida que se encontra no armário há muito tempo e o modo de cozimento impróprio privam os alimentos de seus benefícios). Ingerir refeições equilibradas significa que é preciso cobrir o conjunto das necessidades nutricionais: alimentos protéicos, laticínios, gorduras, açúcares, frutas e legumes crus e cozidos. Limite as gorduras a uma porcentagem de 30% ou 35% da ingestão diária adotando o cozimento a vapor ou em papel-alumínio ou em panela antiaderente. O consumo excessivo de lipídios é em parte responsável pela obesidade, colesterol alto e problemas cardiovasculares. Consuma os açúcares lentos (massas alimentícias, arroz, batata) que produzem energia ao longo do dia todo e limite os açúcares rápidos (açúcar, doces, bolos). A ingestão de proteína não se dá apenas quando se come carne; é necessário comer peixe e proteínas vegetais que se encontram nos cereais, lentilhas, arroz, etc. Faça uma revisão nos seus hábitos alimentares e abandone o sanduíche em favor de uma verdadeira refeição. Não reabasteça mais a gaveta da sua escrivaninha com bombons e bolachinhas, porque esses açúcares rápidos que se encontram igualmente nas bebidas doces desestabilizam o equilíbrio do metabolismo sangüíneo ao provocar hiperglicemias que obrigam o pâncreas a liberar a insulina para se estabilizar. Declare solenemente a água como bebida oficial do dia, o que não o impede de tomar um copo de vinho no jantar. Os aperitivos e os digestivos não são revigorantes depois de um dia estafante e muito menos uma recompensa. O café e o chá são excitantes que devem ser consumidos com moderação, porque eles aumentam as manifestações de ansiedade e a hipertensão. Dão a ilusão de estimular, mas provocam o hábito de tal forma que você aumenta as doses para poder sentir o seu efeito. Os fumantes conhecem também o círculo infernal do cigarro depois do café e do café depois do cigarro. O álcool, o chocolate, os doces e o açúcar em geral provocam as mesmas fontes de prazer e de satisfação ao agir sobre a glicemia. Consuma mais frutas e legumes frescos ricos em vitaminas para lutar contra a fadiga. Assegure a sua ingestão de magnésio consumindo cereais integrais, amêndoas e bananas. Nenhum alimento é mau em si mesmo; o prejuízo vem dos excessos de consumo de um tipo de alimento em lugar de outros. Você pode comer pizza de tempos em tempos acompanhada de uma salada, mas é preciso que a sua alimentação não se resuma a pizza. A alimentação equilibrada não é um regime; ela cobre as necessidades do seu organismo e evita carências que o fragilizam. O seu prato bem montado é uma verdadeira prescrição médica, e você ingere vitaminas, enzimas, oligoelementos, aminoácidos e minerais. As porções alimentares são calculadas em função da idade, do peso, do tamanho e das atividades físicas de cada um.

O cansaço é um sintoma presente em inúmeras situações ligadas a um estado de carência, à falta de repouso, ao sono agitado ou a um problema digestivo. A aplicação de regras simples, como o equilíbrio alimentar, o respeito ao sono e prática regular de algum esporte, pode ajudar na eliminação desses sintomas. Se o cansaço não ceder a uma correção dos seus hábitos de vida, embora você esteja gozando de boa saúde física, ele pode estar ligado a um período depressivo.

A atividade física facilita a liberação de tensões do espírito e do corpo. Mas preste atenção para não reforçar o mesmo tipo de stress do seu trabalho. Se o seu cargo o coloca permanentemente diante de desafios, você deve evitar esportes como tênis ou *squash*. Prefira atividades calmas como caminhadas, natação, dança ou yoga. A sobrecarga muscular pode vir se aliar às microcontraturas crônicas e agravar as tensões existentes nos ombros ou nas costas. Por exemplo, se você trabalha sozinho e sofre de solidão, um esporte de equipe vai lhe permitir manter um equilíbrio. Muitos estágios de motivação organizados pelas empresas podem ter um efeito inverso e aumentar o stress. É o caso de todas as atividades esportivas que acentuam o espírito de competição, que requerem a superação de medos, que exigem o controle de emoções ou o colocar-se em posição de inferioridade para aprender a ser humilde. É dessa forma que, se tiver de despender ao longo de todo um ano uma energia considerável para dinamizar uma equipe e os instrumentos de motivação do estágio exigirem que realize os mesmos esforços em um outro domínio (como o esporte) no qual não se sobressai, forçosamente, você vai acabar ficando com um stress suplementar. Fazer *bung jump*, *rafting* ou longas excursões de bicicleta pelas montanhas pode desanimá-lo! Desistir de uma atividade diante da sua equipe pode abalar a sua imagem de dinamismo e coragem.

Se você não é esportista, tente caminhar mais do que utilizar sistematicamente o carro, subir ou descer as escadas em vez de pegar o elevador. O sedentarismo reduz as trocas metabólicas e acarreta um aumento de peso e uma desmotivação geral.

Se escolher praticar um esporte, deve optar por um que leve em conta os seus gostos, a sua idade e o seu preparo físico. O objetivo no esporte é também lhe dar prazer! É importante fazer aquecimento e não começar o exercício frio, como também é preciso fazer alongamentos depois da sessão para evitar contraturas. É inútil adicionar as tensões provocadas pelo esporte às ligadas ao stress! A respiração desempenha um papel primordial. Na vida diária, você respira sem pensar... felizmente! Entretanto, você respira mal. A sua respiração, que permite encher os pulmões de oxigênio, elemento indispensável à vida, e eliminar o gás carbônico, é muitas vezes curta. Quando você passa por uma emoção ou um stress importante, tem a impressão de que a sua respiração foi cortada. A circulação de ar entre o meio exterior e o interior do corpo é produzida por diversos músculos como os do tórax e o diafragma. Durante a expiração, o tórax se retrai e o diafragma relaxa. Os pulmões são comprimidos e o ar é expelido. Durante a inspiração, o tórax se expande e o diafragma se contrai. O oxigênio do ar passa para o sangue. O sangue transporta o oxigênio, fixado a uma substância chamada hemoglobina contida nos glóbulos vermelhos, e o libera nas células. Essas últimas utilizam o oxigênio para liberar a energia contida nos alimentos, o que produz um dejeto: o gás carbônico. Se você fizer regularmente exercícios respiratórios, vai respirar melhor, o que lhe permitirá administrar mais facilmente as suas emoções e vai favorecer o relaxamento. Deitado ou em pé, comece por inspirar regularmente a partir da barriga e não do estômago, como é a sua tendência. Em seguida prenda a respiração, com os pulmões cheios. Expire lentamente como fez ao inspirar ou um pouco mais demoradamente se for capaz, o que permite a recuperação. Não hesite em contar os segundos dedicados à inspiração e à expiração.

Permaneça em seguida com os pulmões vazios. Na primeira vez que fizer esse exercício pode ser que fique atordoado; por isso é preferível que o faça deitado. A moderação da respiração põe o corpo em repouso. Uma respiração lenta é uma arma contra o stress.

O esporte dá condições para que você tome consciência do seu esquema corporal, faz trabalhar os músculos e favorece dessa forma a estética em geral. Você aprende a tomar conta do seu corpo, a descobrir suas possibilidades e a amá-lo. O esporte desenvolve a concentração e o gosto pelo esforço. Ele leva à superação com bom humor e revela um outro aspecto da sua personalidade. A energia despendida é favorável à eliminação de matérias orgânicas e ao reforço da atividade cardíaca, reduzindo assim os problemas cardiovasculares. Enfim, se você quiser melhorar seu desempenho, o esporte pode lhe dar o desejo de parar de fumar, de diminuir o consumo de álcool e de equilibrar a alimentação.

Atividades criativas como o artesanato ou a jardinagem favorecem a distração e a abertura. Os clubes, as associações e as reuniões entre amigos rompem o isolamento afetivo. O riso e o humor eliminam a tensão emocional, enquanto as trocas proporcionadas pela convivência atenuam as experiências de exclusão ou de separação. Você pode confiar nos amigos sem medo de ser julgado. Graças a esse suporte social, você se sente protegido. O fato de pertencer a um círculo social e de amigos dá condições para a troca de informações, de pontos de vista e, caso se trate de um círculo profissional, permite que não se isole. Paradoxalmente, quanto mais estressado você estiver, menos vai se dedicar ao prazer, porque vai se culpar por deixar de lado o que tem para fazer. É muito importante saber reservar um tempo para si mesmo.

Os passeios em meio à natureza com exercícios de respiração profunda vão fazê-lo transbordar de vitalidade. Você vai adotar um ritmo de vida regular ao empreender suas tarefas e garantir o repouso. Você não precisa dormir a manhã inteira do domingo para se refazer de uma vida noturna exaustiva. Esse sono prolongado ocasional não tem nada de reparador. É preferível ter horários regulares para se deitar e levantar. Se tem dificuldade para dormir ou se as suas noites são entrecortadas por sonhos, deve limitar o consumo de chá, café e álcool e substituí-los por infusões (erva cidreira, camomila). A refeição noturna não deve ser pesada. O quarto não deve estar superaquecido. Os exercícios de relaxamento e de respiração podem favorecer o adormecimento e evitar os pensamentos negativos. Vai lhe fazer bem imaginar que está deitado na praia, que respira ar puro no alto de uma montanha, em vez de remoer os aborrecimentos do dia ou os relatórios a acertar no dia seguinte.

Períodos curtos de relaxamento e pausas durante o dia são também eficazes. Que delícia não fazer nada durante um ou dois minutos e imaginar momentos de ternura ou imagens repousantes! Na maior parte do tempo, você emenda uma atividade na outra. Se você correr constantemente atrás de tempo para fazer todas as suas atividades (sem contar com as dos filhos), mesmo que sejam recreativas, elas vão pressioná-lo pela sobrecarga de tempo empregado e não vão mais agir com o impacto anti-stress procurado. Com os olhos fixos no relógio, o menor atraso ou incidente de trânsito provoca a raiva e os insultos que vêm reforçar o seu stress. Nessas condições, você não chega a relaxar. Quando chega a noite, quando poderia reinar a calma, você deixa a televisão invadir a sua intimidade. É hora de modificar os seus hábitos se quiser acabar com a espiral infernal do stress. Aproveite as suas noites para se descontrair, meditar, ouvir música ou ler um bom livro.

Arranje tempo para viver. Vale mais reduzir as suas atividades do que se impor um ritmo insustentável. De manhã, não pule imediatamente da cama. Acorde lentamente e lembre-se dos seus sonhos. Espreguice calmamente. Alterne as atividades esportivas ou outras com o cuidado do seu corpo por meio de massagens, cuidados estéticos ou banhos relaxantes com óleos essenciais. A sua vida sexual vai ficar harmoniosa. De acordo com a sua espiritualidade, você vai praticar a meditação, a interiorização ou a prece.

• Despertar dos sentidos

Para que as suas emoções possam tocar plenamente o seu ambiente, você deve apelar para os seus cinco sentidos que lhe dão a informação exterior cognitiva e afetiva. Você vive o seu equilíbrio psicossomático por meio dos sentidos, que informam o cérebro, o qual faz a triagem e armazena os diferentes dados. Quando se contenta em olhar sem ver, em escutar sem ouvir e em comer sem saborear, você se priva das perspectivas exteriores e interiores.

O seu nariz permite que respire, e a sua respiração une o seu corpo e o seu espírito. Essa prática o faz mergulhar no momento presente, um momento de harmonia. O ar que respira é portador de odores e de perfumes que você adora redescobrir durante os seus passeios na natureza. O seu olfato o convida à satisfação futura de um prato que está sendo feito, às lembranças da infância e ao aroma da pele do ser amado. Werner Bergengruen, poeta e romancista alemão, escreveu: "Se as lembranças são inúmeras em cada um, é porque há tantas coisas para se inalar! Cada odor pode ser comparado à assinatura de um capítulo da sua vida".

A vista o faz apreciar a gama infinita de cores, as nuances da paisagem, de um rosto ou de um quadro. Ela procura a distração por meio dos livros e dos filmes. Ela carrega todas as indicações da comunicação não-verbal no recuo de um corpo, no franzir das sobrancelhas, num gesto amigo. Atribui-se a esse sentido uma importância excessiva em detrimento do toque. Entretanto, as mãos, ao tocar os objetos, informam sobre a delicadeza, o aveludado e a espessura. Elas oferecem um contato sensual com todo o ambiente, o que favorece a expressão do afeto como fazem os bebês junto ao seio da mãe. A pele capta o calor, o frio e protege dos perigos. O paladar dá vida aos sabores doces, salgados, ácidos e amargos. É a alegria da degustação, intérprete da gulodice, é o animador da convivência e o fio condutor do prazer. A audição estabelece uma relação entre as pessoas, os animais e o meio ambiente em geral. Ela é a fuga nos sons, particularmente na música. Favorece a calma e a quietude. Os seus sentidos falam à sua alma. Inversamente, a intensidade de sons e de ruídos de fundo irritam o ouvido e são verdadeiras agressões que geram stress. A ausência de iluminação, a visão bloqueada pela fachada de um prédio, um ambiente de cores tristes e sem plantas, cheiros desagradáveis e a má qualidade das refeições de uma empresa negligente encorajam da mesma forma o stress.

• Administração do tempo

Você está consciente de que o tempo que passa não volta mais e, paradoxalmente, não o administra. Deixa-se levar pelos acontecimentos, embora, caso queira viver sem stress, caiba a você controlá-los. O medo de dificuldades, o medo de ficar sozinho ou sem ocupação previsível pode levar você a se deixar submergir constantemente. O aturdimento da vida faz esquecer que o tempo é contado. O seu dia é cheio de obrigações que você mesmo cria na maioria das vezes. Além disso, é de bom-tom ser hiperativo. O indício exterior da hiperatividade é positivo! A imagem se encontra, além disso, reforçada pelos instrumentos de comunicação portáteis (*lap-tops* e celulares). Você pode ser encontrado a qualquer momento, carrega o seu trabalho com você, porque é alguém importante e indispensável.

Administrar o seu tempo é saber participar de atividades precisas, limitando a sua duração. Enumere-as: vida profissional, familiar, social, cultural, pessoal (lazer, atividades sindicais, associações, engajamento político), reflexão interior e espiritual. Estabeleça a duração e a planificação delas. Rejeite o que parece superficial, sem interesse, até mesmo relacionado à obrigação. Se você não pode verdadeiramente fazer outra coisa a não ser aceitar determinadas obrigações, limite a duração delas e sua freqüência. Separe o que é urgente e o que não é.

Administrar o tempo é saber dizer não. Não à saideira numa reunião que avança noite adentro; não ao celular; não a um convite mundano; não a uma tarefa de última hora que é da competência de outra pessoa, e não a um cargo honorífico cujo único interesse é o de ser chamado de "presidente". Saber dizer não é se afirmar sabendo recusar sem ser agressivo, a fim de não dar mais a impressão de estar sempre à disposição. A sua dificuldade para dizer não provém muitas vezes de uma falta de autoconfiança. Você tem medo de perder a amizade ou a consideração dos outros.

Administrar o tempo é delegar. Quando você tem dificuldade para delegar é por medo de perder um certo poder? Delegar é demonstrar confiança. É supervisionar o resultado, não é abandonar o projeto ou o trabalho. Delegar deixa mais tempo livre para tarefas ainda mais importantes e lhe dá condições de não ficar sempre estressado.

Administrar o seu tempo é dar a si mesmo um tempo. Se você não arranjar um tempo para você, não poderá nem respirar – pare de vez em quando. Leve em consideração o seu ritmo, o seu cansaço e o seu sono. Reduza os seus compromissos e reequilibre a sua vida privada e profissional.

Administrar o seu tempo exige ser organizado. Você perde muito tempo procurando um documento, um relatório ou as chaves do seu carro? Essa procura nunca é agradável, porque ela sempre aparece na hora errada, isto é, exatamente no momento em que você tem necessidade do objeto! Em geral, ela aumenta consideravelmente o seu stress. O tempo ganho não deve ser reinvestido em um trabalho a mais; você deve conservá-lo para consagrá-lo, de modo útil, sim, mas para as atividades de lazer ou para a sua intimidade. Aprenda a se poupar!

• Solução de problemas e distanciamento

Quando determinado acontecimento surgir, aprenda a não se deixar invadir a ponto de não saber tomar uma decisão. A natureza mais ou menos importante desse acontecimento vai ensiná-lo a tomar a distância necessária que facilite a objetividade. Os acontecimentos não têm todos o mesmo valor: o que é um incidente ligado a uma máquina diante da doença de um filho? As preocupações diárias e os atrasos são fatores de pressão, mas você deve encará-los de modo mais positivo. O acúmulo de pequenas preocupações não deve assumir proporções gigantescas. Você tem a tendência de sempre querer resolver um problema da mesma maneira. Segundo a sua natureza, você vai ignorá-lo, vai atacá-lo obstinadamente, vai examiná-lo intelectualmente para tirar-lhe a carga dramática, vai se justificar por não enfrentá-lo. Cada um tem uma técnica própria. Pergunte a si mesmo se ela reduz verdadeiramente o seu stress...

Uma situação se torna estressante se lhe parecer ameaçadora. Partindo desse princípio, tente transformar a impressão de ameaça em problema a ser resolvido. A solução de um problema passa em geral por quatro etapas: a identificação do problema, a sua representação, busca e aplicação de uma solução e, por fim, a avaliação do resultado.

Uma situação parecerá insustentável se estiver mal definida. Para identificar o problema, faça as seguintes perguntas: O que é que me preocupa? O que eu quero? Para representar o problema, apele para experiências passadas e estratégias postas em ação em uma situação semelhante, não somente por você, mas também por outras pessoas. Evite concentrar a atenção em detalhes e analise o problema em seu conjunto: Já precisei controlar esse tipo de problema? De que maneira eu o resolvi? Outros já passaram por esse problema? Como reagiram? A procura da solução o leva a se interrogar: O que é que eu posso fazer? Em que isso vai me ajudar? Imagine as soluções sob um outro ângulo, diferente daquele do seu procedimento usual, com outras perspectivas. Proceda a uma análise exaustiva, refletindo sobre todas as soluções lógicas, formule todas as hipóteses conduzindo uma busca aleatória e peça ao seu cérebro para fazer o trabalho em seu lugar. Esse pedido dá resultados, sobretudo se você estiver levando em conta buscas anteriores. Quando as soluções surgirem, é importante confrontá-las: quais são as vantagens e os inconvenientes de cada uma das soluções? Qual devo escolher? A minha solução é realista e aplicável? É boa para mim? Uma vez aplicada a solução, é imperativo avaliar o resultado: consegui obter os resultados desejados?

Se você for vítima de assédio sexual no trabalho, a ameaça é real e o problema está claramente identificado. É preciso então dar queixa ou mudar de emprego ou de trabalho. Essa idéia lhe parece impossível de ser posta em prática. Você se submete à situação porque acredita que não tem outras possibilidades e que tem encargos inadiáveis no fim do mês. Você tem medo de que os outros a acusem de ter provocado o assédio. Você é duplamente vítima ao pensar que não tem escolha: é vítima do outro e de si mesma. Se não consegue se ajudar ou a ser ajudada, use a imaginação! O que diria a uma amiga que se encontrasse na mesma situação e que desejasse sair dela? Você a encorajaria a dar queixa; destacaria as qualidades dela, a sua experiência de trabalho ou as outras possibilidades que ela teria caso deixasse o emprego; você lhe diria para se comunicar com uma organização ligada ao assunto. Além disso, você a obrigaria a fazer um balanço de suas competências. Você teria idéias e coragem porque estaria agindo no papel de conselheira. Tente ser essa conselheira para si mesma caso não possa falar sobre essa situação com ninguém, afastando-se da emoção e fazendo um apelo à sua sabedoria. Essa sabedoria vai forçá-la a se interrogar sobre o sentido do acontecimento, vai lhe falar sobre a proteção e o amor que você deve a si mesma. Vai encorajá-la a olhar mais adiante, a se comparar com aquelas que vivem ou viveram a mesma experiência, a expressar a sua confusão a um amigo.

Se você fica sobrecarregado todos os dias em seu trabalho, configura-se uma ameaça, mas você pode transformá-la num problema a ser resolvido. Estabeleça a lista de todos os parâmetros que absorvem o seu tempo: o telefone que não pára de tocar, a falta de tempo para estabelecer a estratégia de desenvolvimento, o número impressionante de fornecedores que deve encontrar, as reuniões, os almoços de negócio, etc. Uma vez estabelecida a lista, deixe-a de lado e responda à seguinte questão: "Qual é a minha missão?" A sua missão pode se resumir a uma linha ou ainda constituir uma descrição de tarefas. Dentro dessa descrição, estabeleça uma classificação segundo as suas prioridades. Compare em seguida a sua missão com os seus parâmetros, anteriormente relacionados. Faça uma triagem inicial para descobrir o que deve conservar e o que pode delegar, já que não é da sua responsabilidade. Entre as tarefas que cabem a você, imagine as possibilidades mais originais para encontrar soluções. Pode descobrir um telefone que detecte as mensagens importantes, pedir a retirada do telefone da sua sala, dar uma orientação à sua secretária para que ela tenha condições de lhe passar apenas os casos urgentes. Para liberar um espaço em sua agenda, a fim de ter tempo para a reflexão, você pode inventar um cliente fictício e agendá-lo. Pode, por exemplo, decretar que quinta-feira de manhã você não recebe nenhum telefonema e não marca nenhuma reunião, enquanto não encontrar uma idéia mais concreta e exeqüível. Você decide se ocupar do seu horário e planifica uma semana-padrão. Obriga-se assim a olhar o seu problema sob um ângulo de 360°. Uma vez posta em prática a estratégia, controle o ganho efetivo de tempo. Atenção, o tempo ganho é precioso; dedique-o àquilo que você realmente quer fazer. Não jogue suas anotações fora. Ao contrário, tire-as de vez em quando da gaveta para verificar se continua no caminho certo!

- **Escute o seu corpo**

    O seu corpo é maravilhoso. Ele é o porta-voz do seu ambiente, do seu espírito, do seu mundo interior. Ele interpreta aquilo que você se recusa a entender. Ele constitui uma linguagem completa, do prazer à dor. Você está sempre pressionado, não arranja mais tempo para preparar o almoço e, à noite, come muito tarde e demais porque está faminto. Vai consultar um médico devido a sua indisposição de estômago, mas não muda a sua maneira de viver. A sua gastrite se transforma em úlcera de estômago. A mensagem do seu corpo amplia-se para se fazer entender. Com relação às mulheres, depois de um estupro, pode ser que a menstruação desapareça. Você sofre de uma agressividade permanentemente contida e que se expressa pela hipertensão. Depois de uma longa disputa conjugal, depois de ter sofrido um ciúme invasivo ou depois de ter passado por um período de negação (recusa de ver uma situação como ela é), você fica freqüentemente sujeito a panes sexuais, problemas de ejaculação precoce ou de vaginismo. O stress tem efeitos espetaculares sobre a libido, porque ativa o sistema nervoso simpático que exerce uma ação inversa: no homem, ele dirige o sangue para os órgãos vitais em lugar dos órgãos sexuais e, na mulher, provoca ausência de lubrificação. Você está na época dos exames finais e subitamente surge uma alergia. Você sofre assédio moral por parte do seu chefe hierárquico todos os dias e está sofrendo de uma doença de pele (psoríase, eczema ou dermatite seborréica) ou de diversas patologias (herpes, urticária). Aquele chefe lhe provoca brotoejas! Desde muito pequena, a criança, na volta à escola, tem dor de barriga! A ligação entre o stress e os transtornos de sono nem precisa mais ser mencionada.

O seu corpo e o seu espírito formam um todo. Mas um não segue sem o outro. Somente uma visão holística, que leva em conta o homem em sua globalidade (corpo [soma] e psique [espírito]), permite que se responda eficazmente às situações patológicas. Na linguagem corrente, quando você escuta alguém dizer que algo é psicossomático, a expressão é pejorativa. Ela deixa subentendido que o que você tem a fazer é ignorar o problema, que não precisa se cuidar e que isso vai passar sozinho. Pelo contrário, o seu corpo é um aliado e a doença tem um sentido. Um tratamento eficaz, seja ele qual for, não resolve tudo. A doença é o indício de um desequilíbrio, de um mau funcionamento. Só uma abordagem global (corpo, alma, espírito) pode ser eficaz. Saiba ouvir as mensagens do seu corpo! O stress pode fazer mal; ele provoca sintomas verdadeiros e problemas orgânicos reais. A pressão constante consome o organismo e a doença se instala exatamente onde você é mais frágil. Se não estiver atento com relação aos primeiros sinais de alerta, o problema pode se tornar fatal. O excesso de adrenalina prepara terreno para o infarto e a úlcera. Os hormônios produzidos por causa do stress diminuem a ação dos linfócitos encarregados de defendê-lo contra os micróbios e os vírus. Experiências com ratos submetidos a agentes estressantes demonstraram alterações imunológicas significativas e a queda da atividade das células encarregadas principalmente de suprimir as células cancerígenas. A doença não provém unicamente do stress, mas depende igualmente dos recursos de que você dispõe: sentimento de controlar ou não a situação, otimismo e pensamentos positivos, suporte social e faculdade de se ajustar diante da agressão sofrida. Não é preciso, entretanto, acreditar que todas as doenças são provenientes do stress e que o stress seja prejudicial, porque "stress é vida!". Pode ser a fonte de um novo aprendizado e de superação.

- ## Acompanhamento médico

É bom ter um médico da família que o conheça bem. Ele saberá adverti-lo contra o stress assim que os primeiros sintomas aparecerem. Se você pratica o nomadismo médico, será difícil para um médico detectar os primeiros sintomas do seu stress. Os medicamentos prescritos agirão sobre o seu estado nervoso ou em relação ao problema digestivo, mas não vão tratar as causas do seu mal-estar. Se o médico que estiver tratando você for um confidente que conhece a sua família, ele poderá analisar as conseqüências do seu divórcio e as dificuldades escolares do caçula.

A automedicação é perigosa; nenhum medicamento é inócuo, e misturá-los pode fazer mal à sua saúde. O remédio do seu melhor amigo contra a ansiedade provavelmente não se adapta à sua patologia e ao seu histórico médico. Todas as pílulas da felicidade permitem acalmar a angústia, favorecer o sono ou melhorar o humor. Os maiores riscos desses produtos são o hábito e a dependência. O recurso a esses medicamentos não deve se realizar senão depois de ter esgotado outros métodos mais suaves como a psicoterapia ou a sofrologia. Enfim, o médico, depois do exame geral, pode fazer um levantamento biológico completo que vai lhe dar condições de conhecer o seu estado de saúde e o seu grau de stress.

- ## Amizade e amor

Os seus amigos e a sua família podem ser de grande ajuda em sua luta contra o stress. O fato de se sentir amado e apreciado lhe dá condições de enfrentar mais serenamente uma situação difícil. Você pode liberar as suas emoções, falar da sua raiva, da sua frustração e da sua dor.

Mesmo que a sociedade tenha a tendência de favorecer o abafamento das emoções, é importante expressá-las. "O meu tumor se fez com lágrimas represadas", disse Fritz Zorn, que morreu de câncer aos trinta e dois anos, depois de ter anunciado a publicação de seu livro autobiográfico. Você viu anteriormente que o fato de transformar o stress em problema a resolver era uma solução. O questionamento daqueles que estão à sua volta pode ampliar o seu leque de opções e conseguir um ponto de vista crítico. Cada um pode ajudar à sua maneira. Um será o seu confidente, o outro o fará rir; aquele vai convidá-lo para a sua mesa, o outro para praticar um esporte e o último vai lhe dar a mão. Eles saberão distrair a sua atenção para que você tome uma certa distância emocional. As relações com os outros podem ajudá-lo a revisar os comportamentos negativos, porque são baseadas na confiança recíproca. Podem facilitar a aprendizagem, a formação e o encorajamento necessários à adaptação e à mudança. O compartilhamento de suas experiências e a amizade são aliados extraordinários para afrouxar suas tensões e elevar o seu moral. Ao se abrir, você libera a sua dor. As suas confidências não têm nada em comum com lamentações. Lamentar-se é queixar-se; confiar seus problemas é expressar a sua emoção. As trocas que são feitas com os amigos o fortificam e ajudam a erradicar os efeitos nefastos do stress. A relação amorosa, onde cada um experimenta a paixão pelo outro sem perder a identidade, traz a complementaridade e o apoio na igualdade. Ela é o sinônimo de carícia, prazer e satisfação sexual.

- **Prática de uma religião**

    "Deus é uma experiência fundamental do homem, e a humanidade tem tido um trabalho incrível, desde tempos imemoriais, para forjar uma representação dessa experiência indizível, para assimilá-la pela interpretação, pela especulação e pelo dogma ou para negá-la... Deus existe, isso significa: ele é tal como o meu pensamento o representa. Mas como me é impossível, eu o sei, fazer uma representação adequada de um ser eterno englobando todas as coisas, a representação que tenho dele é lamentavelmente imperfeita; daí por que a asserção de que Deus não existe é também verdadeira e necessária."

Jung

O homem sempre procurou uma explicação para a sua origem. Ele tentou personificar a sua origem. Tentou personificar o invisível. Alguns verão em Deus uma impostura e uma explicação para a incerteza do homem sobre o sentido da vida. Para eles, Deus não existe e sua invenção não passa de uma resposta da humanidade ao vazio e à sua própria finitude.

Outros acreditarão que os seus profetas falam diversamente de Deus, mas têm a sua fé em comum. Deus existe. A sua existência em seus pensamentos é mais importante do que qualquer demonstração. Não é pelo intelecto que os crentes apreendem o mundo e seus mistérios, mas pelo lugar que o divino tem no homem. A religião os ajuda a viver pela elevação pessoal e no amor aos outros. Ela os prepara para morrer, seja pela idéia de uma outra vida depois da morte, seja pela confiança depositada nos profetas. A religião é portadora de esperança. É a esperança budista (que não tem Deus) de deixar o ciclo de renascimentos; a esperança cristã da ressurreição; a esperança judaica da terra prometida e da paz universal; a esperança muçulmana do paraíso de Alá. A religião estabelece uma ligação entre a morte e a vida. A morte é passagem e transformação. É o começo da viagem da alma humana, alma que não depende do corpo humano mortal. A vida eterna dos homens é a vida do Eterno na vida humana.

Quando a religião é fonte de alegria, de partilha e de consolo, ela leva à fraternidade e favorece a tolerância, o amor, a ajuda mútua, a doação de si e a paz. Nessa ótica, ela diminui o stress. O crente procura um consolo na fé e encontra refúgio na coletividade religiosa, nos rituais e na promessa de uma vida melhor.

Diferenciar angústia, neurose e ansiedade

Você diz que está angustiado quando experimenta um sentimento intenso de inquietude mesclado com um constante pavor imaginário. Sente-se privado da felicidade e acuado num impasse. Não consegue descrever exatamente o que sente. Sente-se estrangeiro em seu próprio meio e em relação a si mesmo. As questões existenciais (Quem sou eu? De onde venho? Para onde vou?) tornam-se obsessivas, e a ausência de respostas o lança no vazio. É a angústia do ser-no-mundo de Martin Heidegger, filósofo alemão. Para o psicólogo Pierre Janet, a angústia é um "medo sem objeto", e é esse nada que angustia você.

Já a ansiedade tem sua fonte nas lembranças de fracassos passados e apresenta uma visão negativa e intransponível dos obstáculos. Trata-se de um medo *pensado*. Você se acha na impossibilidade de adotar um plano de ação apropriado para a situação. Quando o obstáculo se apresenta, a ansiedade se transforma em angústia doentia ou provoca fobias e mecanismos obsessivos. Ela se torna um medo *sentido*.

A neurose é um estado caracterizado por uma perturbação emocional em que o nível elevado de ansiedade leva a pessoa a adotar mecanismos de defesa que limitam a comunicação com os outros. Ela emprega a sua energia em um conflito psíquico interno. É o medo *operante*. A neurose nasce de uma fraqueza na construção do Eu e no bojo de um medo sem objeto aparente: a angústia, que é um sentimento doloroso.

A angústia surge em quatro grandes tipos de situação. A primeira é o trauma do nascimento: o nascimento é o primeiro trauma vivido pelo homem. A passagem da vida fetal para a vida extra-uterina acarreta uma mudança de meio considerável. Cada vez que você se sentir em uma situação de perigo, vai reviver as emoções intensas que se traduzem pelo medo de ser destruído. A segunda situação é a separação: na ocasião do desmame, a criança faz a experiência de uma nova diferenciação com o objeto nutridor, o que reforça as angústias paranóides. Quando sonha que foi abandonado, você vive a angústia da separação. O psicanalista J. Bowlby pôs em evidência esse tipo de angústia. A claustrofobia (medo de ficar fechado) e a agorafobia (medo de espaços indefinidos e de lugares públicos) têm sua origem na distância em relação ao ambiente familiar. A terceira situação é a castração que vem com o conflito edipiano. A criança reconhece os desejos sexuais e compreende os seus limites e proibições. Quando a resolução do problema edipiano é malfeita, ela dá lugar a fixações variadas que se encontram nas neuroses obsessivas e histerofóbicas. Finalmente, a quarta situação é o medo de não conseguir corresponder às exigências paternas, sociais e culturais. As neuroses implicam comportamentos irracionais sem perda de contato com a realidade, o contrário do que ocorre com as psicoses*.

A neurose fóbica se expressa pelo medo quando se é confrontado com certos objetos ou situações que não apresentam um perigo real, mas que, para a pessoa, constituem uma verdadeira ameaça de morte. Se você é sujeito a fobias, então tem um temperamento ansioso e hipersensível. O estímulo da angústia é projetado para fora do Eu, para o exterior. Para você a solução se dissimula na fuga e na necessidade de segurança. Os medos mais freqüentes são as fobias de situação (agorafobia). Podemos igualmente ficar assustados com a idéia de sermos expostos ao olhar alheio (fobia social) ou ainda sofrer claustrofobia, acrofobia e zoofobia. Existem fobias de impulsos agressivos contra si mesmo (suicídio) ou contra os outros (na mulher, fobia de estrangular o filho). As fobias extremas levam a pessoa a ter medo de ficar ruborizada (ereutofobia) ou a temer doenças (nosofobia) e micróbios (microfobia). A dismorfofobia é o medo doentio de ficar disforme.

---

* A psicose é um distúrbio de personalidade que acarreta um transtorno de identidade e de tomada de consciência de si mesmo, caracterizando-se por uma perda de contato da pessoa com a realidade e uma confusão entre o mundo externo e o interno. A personalidade psicótica suporta mal as frustrações e é, paradoxalmente, pouco apta a obter satisfações gratificantes. Ela mobiliza muita energia, mas sempre do mesmo modo, com medo da novidade. Ela utiliza meios de defesa excessivos sob a pressão de um conflito gerador de ansiedade para manter à distância as idéias mórbidas.

A neurose obsessiva se traduz por pensamentos ou impulsos que se impõem sob a forma de obsessões e provocam a obrigatoriedade de se comprometer com um ato ou ritual, sob pena de ver surgir a angústia e a culpa. Você está consciente do aspecto irracional do seu comportamento e está submetido a uma luta interior entre o desejo de se abandonar e aquele de resistir. O pensamento é todo-poderoso, porque permite neutralizar a angústia e a agressividade.

Outros instrumentos

• Psicanálise ou psicoterapia

Se os seus pesadelos não vão além de ressaltar os seus conflitos internos e sofrimentos, sem chegar a superá-los, talvez você precise de ajuda. Uma cura psicanalítica ou uma psicoterapia pode ser necessária. A psicanálise nasceu da observação dos distúrbios mentais que lançaram a teoria de que os atos e os pensamentos são determinados pela experiência e pelo inconsciente.

Freud, que introduziu a cura psicoterápica, considerou os sonhos como "o caminho real do inconsciente". O paciente se expressa ao fazer associações de idéias sem nenhuma pressão.

A psicanálise é, muitas vezes, um processo de longa duração. O terapeuta escuta o paciente e intervém o mínimo possível. Faz um trabalho de interpretação que não deve jamais ter a natureza de um conselho ou de um julgamento. Permite assim ao paciente ter uma percepção de si mesmo e desenvolver uma auto-estima mais elevada. O tratamento dos distúrbios se dá sobre a interpretação das resistências e a noção de transferência. Na transferência, o paciente desloca uma relação passada para uma pessoa presente. Assim, o paciente pode atribuir ao terapeuta o papel de um parente. O paciente vai reviver as emoções, empregará certos comportamentos que tinha com seu pai, sua mãe ou uma pessoa de suas relações. O terapeuta deve manter um certo distanciamento para não cair por sua vez numa contratransferência e perder a objetividade. O terapeuta deve enfrentar os problemas do seu paciente sem se identificar com ele para não passar suas próprias ansiedades para o paciente. O objetivo é permitir à pessoa modificar o curso do seu pensamento e ajustar melhor o seu comportamento.

A psicoterapia é destinada a curar (terapia) o espírito (psique). Ela se compõe de um conjunto de teorias relativas à psicologia humana que têm por objetivo melhorar o desenvolvimento pessoal. As mais conhecidas são a hipnose ericksoniana de Carol Erickson; a bioenergia de Lowen; a terapia primal de Janov; a Gestalt de Friedrich Perls; a análise transacional de Éric Berne; a programação neurolinguística (PNL) de Grinder e Bandler; o *rebirth* de Leonard Orr e o psicodrama de Moreno. Essas terapias são posteriores a Freud e beneficiaram-se das descobertas da psicanálise. Levam menos tempo do que a psicanálise e fixam objetivos específicos. Criticando a psicanálise por ter seu eixo no passado, elas se concentram no presente.

O terapeuta é ativo e empático*. A Gestalt repousa na idéia de que o desgaste da pessoa vem da insatisfação das necessidades. Se a necessidade for satisfeita, a Gestalt é atingida. Para chegar aí, a terapia emprega um jogo ao pedir ao paciente que interprete sozinho todos os papéis de uma mesma cena.

Em geral, distingue-se o psiquiatra, médico especializado que pode prescrever medicamentos; o psicoterapeuta, pessoa que estudou uma ou mais terapias; o psicólogo, titular de um diploma universitário, e o psicanalista, indivíduo que, tendo recebido a sua formação, é ele próprio psicanalisado.

As terapias de comunicação como a análise transacional e a PNL fazem a pessoa tomar consciência da forma como ela se comunica com os outros. A solicitação entre duas pessoas constitui uma transação, isto é, uma troca, o vai-e-vem de um diálogo. A análise transacional divide

---

* Empático: o terapeuta sente o que o paciente está sentindo e o compreende. Tem a capacidade de se pôr no lugar do outro para ajudá-lo e não para sofrer em seu lugar.

o Eu em três estados: o Pai, o Adulto e a Criança, que são os agentes de comunicação.

- O Pai evoca o conjunto de valores morais, regras, proibições, julgamentos que estão na pessoa. Existem dois estados de pai: o Pai Crítico, que julga e castiga, e o Pai Nutridor, que protege.
- O Adulto corresponde à relação objetiva com a realidade. É o computador que analisa e raciocina sem emoção nem prejulgamento. Tem pensamentos racionais e refletidos.
- A Criança representa as emoções, as sensações, a imaginação. A Criança Obediente designa, na personalidade da pessoa, a Criança Adaptada. A impulsividade e a naturalidade correspondem à Criança Livre. A intuição e a imaginação pertencem à Criança Criadora.

Tornar-se adulto não significa desenvolver exclusivamente o estado de Adulto, mas saber ativar o estado que permite estabelecer uma verdadeira troca. Eric Berne, fundador da análise transacional, pretendeu com esse método permitir ao indivíduo restabelecer uma comunicação construtiva. Para fazer isso, é preciso saber utilizar os estados do Eu em sua forma positiva: cultura, raciocínio e sensibilidade. Assim, quando o seu emprego de tempo o conduz a uma situação de stress intolerável, é preciso saber dizer *não* graças à intervenção do seu Pai Crítico. Se você for responsável por um serviço ou uma empresa, é o Pai Nutridor que sabe incentivar. Se você sente a necessidade de fazer um recuo para não ser tragado pela manipulação dos outros ou por uma situação, será o Adulto quem vai intervir. Se você deve aceitar as regras de organização da empresa, será a Criança Adaptada que vai se adequar a elas. Quando você se entusiasma por um projeto, é a Criança Livre que vai se divertir. Enfim, quando é preciso rir de uma situação, você vai chamar a Criança Criativa.

Quando você compreende que não deve permanecer em um dos papéis reproduzidos ou surgidos na infância, não vai se posicionar mais exclusivamente em um dos três papéis de vítima, de perseguidor ou de salvador. Irá se adaptar à situação e à pessoa com quem se comunica e vai ser nesse momento que se tornará verdadeiramente adulto, porque desempenhará os três papéis.

Diante da agressão, o Adulto o protegerá e você formará uma corrente com os outros estados do Eu para concluir a sua mudança. Vai saber que atingiu o seu objetivo quando:

- não se sentir mais desvalorizado pelas propostas do outro,
- o seu sistema de defesa não se resumir à artilharia do perseguidor,
- e não mais se submeter às ordens e aos desejos dos outros.

A análise transacional propõe pequenos contratos aos pacientes, isto é, objetivos a atingir para mudar um comportamento. Ela se concentra nas causas dos problemas de comunicação e nos meios para se restabelecer uma comunicação autêntica, construtiva e saudável. O terapeuta se empenha em um contrato chamado "os três P": Permissão, Proteção, Poder.

A PNL objetiva desbloquear situações problemáticas e se interessa pela maneira de resolver o problema. Ela repousa sobre o conhecimento da comunicação verbal e não-verbal e se concentra sobre o papel do seu cérebro na captação das percepções sensoriais e sua representação. A estratégia visa à passagem do estado atual ao estado desejado levando em conta o sistema de crenças e filtros que a pessoa instalou: filtros neurológico, sociocultural e individual.

As terapias coletivas permitem aos participantes expor os seus problemas, ouvir os outros membros do grupo e compartilhar as suas angústias. As terapias de grupo são compostas de pessoas que têm dificuldades semelhantes: anorexia, toxicomania, alcoolismo. A comparação entre as maneiras de enfrentar os problemas e a semelhança das situações proporciona a possibilidade de gerar uma dinâmica favorável para cada um.

• Sofrologia

Segundo a etimologia, a sofrologia, fundada em 1960 pelo psiquiatra Alfredo Caycedo, é "o estudo da consciência em harmonia". Caycedo, que tinha sido atraído pela hipnose, pelas técnicas ocidentais (o relaxamento progressivo de Jacobson e o *training* autógeno de Schultz) e pelas práticas orientais (o yoga, os princípios budistas e os conceitos zen), decidiu criar o seu próprio método.

A sofrologia estuda a modificação de consciência e os graus de vigilância para ajudar o indivíduo a encontrar a harmonia entre o corpo e o espírito, isto é, a assumir sua totalidade psicossomática. A sofrologia tem uma visão holística do homem ao ocupar-se ao mesmo tempo do seu corpo e do seu psiquismo. Sendo o ser humano um todo, não é preciso separar o soma da psique. Ao contrário, é preciso cuidar dos pontos de articulação que existem entre o corpo e o espírito e reforçá-los.

Caycedo deu origem a uma outra forma de consciência: a consciência sofrônica, que corresponde a um estado em que você se sente sereno e em perfeita harmonia consigo mesmo e com seu meio. Essa consciência liga o corpo ao espírito. Ela se diferencia do estado habitual em que você vive (o estado comum de consciência) e o estado mórbido no qual possa estar (estado de consciência patológica). Para chegar a essa consciência sofrônica, Caycedo parte do princípio de que a consciência é estruturada segundo três estados: a vigília, o sono e o nível sofroliminar. Este último pode ser atingido durante uma sessão de sofrologia.

Na prática, uma sessão de sofrologia começa pelo relaxamento, tendo como objetivo o limiar sofroliminar. Depois de ter convidado o paciente a se deitar, o sofrólogo fala com uma voz lenta e monótona, pedindo à pessoa que feche os olhos e sinta os pontos de apoio do corpo contra o solo. O seu tom de voz, o *terpnos logos* (forma verbal suave, regular, que induz à sugestão) leva a pessoa a entrar progressivamente em um estado de relaxamento profundo entre o estado de vigília e de sono. Para fazer isso, a pessoa vai se soltar ao relaxar progressivamente todas as tensões do corpo e ao se concentrar em sua respiração. A sofrologia, em sua primeira fase, ensina você a se acalmar. A respiração deixa que tome consciência das trocas entre os espaços externo e interno. Ela estabelece indiretamente a sua relação entre o Eu e o mundo exterior. Dá condições para que aprenda a relaxar e a fazer uso dessa respiração nos momentos de stress ou de angústia. O relaxamento se obtém graças à descontração muscular e ao abrandamento do seu estado de vigília. O paciente vai descontrair progressivamente os músculos do corpo inteiro. Esse processo é chamado "sofronização". O objetivo da terapia consiste em reintroduzir o corpo em seu campo de consciência. É o seu corpo que lhe permite se situar no espaço, no tempo e em relação aos outros. Ele é o corpo que você percebe, portador de toda a sua história e suas fantasias. Essa primeira fase vai lhe permitir se acalmar, tomar consciência do seu corpo e se dar conta das suas tensões e, por isso mesmo, dos seus conflitos. A consciência do próprio corpo é uma parte importante da autoconsciência. A sofrologia reforça ou reestrutura a visão do corpo. Ela restabelece uma imagem positiva do seu corpo, sobretudo se você sofre com sua imagem corporal ou de uma ferida narcisística.

A sofrologia cuida em seguida do verdadeiro trabalho pelo qual a pessoa se consulta: stress, angústia, fobia, perda de peso, preparação para o parto ou para um exame, etc. A escolha da técnica, estabelecida em função do objetivo visado, é determinada na ocasião da entrevista preliminar com o paciente. A sofroaceitação progressiva ajuda o indivíduo a se adaptar a um acontecimento futuro. A sofrologia convida o sujeito a se imaginar na situação que ele quer dominar vivendo-a positivamente. A visualização é muito concreta e deixa perceber a experiência não mais como ameaçadora, mas como portadora de uma boa notícia: um bebê ou um diploma, por exemplo. Essa técnica permite vencer as resistências e requer, quando a pessoa não chega a visualizar a situação sob um ângulo positivo, que se empreenda uma pesquisa para compreender as origens da angústia. A ação positiva sob forma de imagens, sensações ou palavras suscita uma dinâmica positiva do inconsciente seguida daquela de todo o seu ser.

A sofrocorreção em série é conhecida por aqueles que sofrem de angústia em situações determinadas. Ela convém principalmente aos que têm fobias. Trata-se de descondicionar a pessoa doente de um medo irracional. Pouco a pouco, a sofrologia devolve a confiança ao indivíduo diante de uma situação angustiante.

Quando se trata de stress traumático, a sofrologia opta pela sofromnese para ajudar a pessoa a expressar o traumatismo, a aceitar os acontecimentos que a marcaram e a se desfazer do sistema de proteção que se instalou. A sofrologia permite que se trabalhe com a idéia de que você não é responsável por aquilo que lhe aconteceu, que pode continuar a depositar confiança nos outros e a acreditar que a felicidade existe. A sofromnese se esforça por fazer reviver as lembranças e os afetos para deixar o inconsciente expressar seus recalques e deixá-los aflorar ao consciente. A sofrologia trabalha com lembranças, emoções e verbalização.

A sofroanálise lembra a terapia analítica considerando-se que ela trabalha por associação de imagens. É graças à vivência sofroliminar que as associações livres se fazem mais facilmente. Nessa etapa, é possível invocar as representações mentais. Em seguida, em estado de consciência normal, o sofronizado pode se expressar livremente. O sofrólogo adota uma atitude de neutralidade benevolente. É possível que trabalhe tanto na interpretação dos sonhos como no aprofundamento de um sonho. A sofrologia trabalha igualmente com a interpretação de símbolos. Esse método repousa, como acontece na psicanálise, no afloramento do inconsciente que se exprime livremente no sono paradoxal, de onde surge o interesse pela interpretação dos sonhos. A análise dos símbolos de acordo com Jung, isto é, levando em conta os arquétipos e por consequência o inconsciente coletivo, dá condições para que se faça a ligação dos desejos recalcados, a concepção do Eu ideal e a confrontação com a realidade.

Existem outras técnicas em que a escolha é deixada ao sofrólogo. Esse tem condições de escolher a que melhor se adapte à necessidade do consulente.

O retorno à realidade se dá por uma última etapa denominada a retomada ou desofronização. O sofrólogo prepara o sofronizado para deixar a sua condição de relaxamento a fim de voltar ao estado de vigília e à retomada de seu tônus muscular. A última providência é abrir os olhos para retomar o contato com a realidade.

Caycedo se inspirou em práticas orientais. Ele criou a sofronização dinâmica, desenvolvida em três graus. Esse método é adaptado à sofronização de grupo. O primeiro grau, derivado do raja-yoga, mobiliza as capacidades de concentração sobre os músculos e sobre a vivência da recuperação depois dos movimentos. Segundo o doutor J. P. Hubert, ele desmantela as zonas de bloqueio e facilita a percepção das sensações provenientes do corpo. O segundo grau faz a pessoa considerar o seu corpo como um objeto de contemplação. Essa abordagem emana das técnicas budistas tibetanas. A pessoa faz a experiência de uma consciência ilimitada com um sentimento de liberdade no espaço e no tempo, depois reintegra a sua realidade corporal. Ela se dá conta de que o seu corpo é limitado, mas que se realiza plenamente em sua unidade. A etapa seguinte do segundo grau é consagrada a desenvolver os órgãos dos sentidos a fim de melhorar o sistema de informações do cérebro. As pessoas privilegiam freqüentemente a visão em detrimento dos outros sentidos, privando-se assim de informações importantes. Esse grau termina com a formulação de um desejo positivo concernente aos outros. O terceiro grau retoma o conceito zen da existência do Todo indivisível. No primeiro grau, a pessoa está concentrada em si mesma; no segundo, ela se abre para os outros e, no terceiro, funde-se com o universo sem predomínio entre ela, os outros e o cosmo. Graças à meditação, a pessoa se insere em uma dimensão transcendental ao elevar a sua consciência ao nível da consciência cósmica. Nessa última etapa, a sofrologia é um verdadeiro instrumento iniciático.

A sofrologia não vai fazer desaparecer os agentes externos do stress; ela vai se voltar mais para o aumento da resistência ao stress ao lutar contra o desânimo e ao minimizar as respostas do seu organismo. O sofronizado obtém uma resposta mais adaptada às pressões da vida diária e passa a analisar os acontecimentos com maior lucidez. Torna-se menos dependente de suas crenças e não deixa que o medo do amanhã destrua sua harmonia. Adquire a consciência de si mesmo, isto é, a aptidão de identificar suas emoções e seus pensamentos, como também o desejo de relações gratificantes com os outros.

- **Outras práticas anti-stress**

As práticas anti-stress podem agrupar a exploração interior, as massagens ou as técnicas de práticas suaves. Cada pessoa deve buscar aquela que melhor lhe convém.

A massagem leva à descontração do corpo e à circulação da energia, além de flexibilizar os pontos de tensão muscular.

A ginástica suave permite reconquistar a harmonia do seu corpo, mantê-lo, tocá-lo e alongá-lo.

O *stretching*, prática de alongamentos progressivos, de contração e descontração, desfaz as tensões, elimina a fadiga e mantém a concentração.

O yoga também tem em vista o estabelecimento da harmonia do ser humano com o seu meio, o domínio de si e a unidade corpo e espírito. Constitui uma disciplina de transformação do eu pelas posturas corporais, controle da respiração e da concentração.

A meditação requer que se coloque na postura do Buda (posição de lótus) e que se concentre na respiração para reencontrar o silêncio interior. O zen situa a sua ação no momento presente, no "aqui e agora".

A prática do *zazen* pode ser feita individualmente ou em grupo em um *dojo* (templo zen). Na meditação, você exerce a concentração e aprende a expulsar o alarido dos seus pensamentos indisciplinados. Essa prática desperta em você a visão profunda necessária para a transformação.

As artes marciais são disciplinas que, embora associadas aos esportes de luta, se ocupam do domínio do equilíbrio interior. Elas requerem o sentido de autodisciplina, de observação, de domínio da energia vital e da não-violência. O outro não é um adversário, mas um parceiro a quem você deve respeito, porque ele lhe dá condições de evoluir.

A dança e todas as formas suaves de expressão corporal servem para exteriorizar as emoções e os sentimentos pelo movimento.

Em um repertório totalmente diferente, a jardinagem e a caminhada, que põem a pessoa em contato com a natureza, longe da agitação das cidades, têm um efeito restaurador. A arte, a música, a pintura e as atividades teatrais têm virtudes anti-stress significativas.

Enfrentar a morte para viver plenamente a vida

"O mistério o enche de pavor. Por essa razão você decidiu acima de tudo viver em um mundo rotulado, fazendo desses rótulos a moeda corrente da sua experiência, ignorando completamente o seu caráter puramente simbólico, assim como a variação infinita dos valores que eles exprimem tão mal. De fato, você nem ao menos tenta unir-se à Realidade."

Evelyn Underhill

Se é verdade que o fato de vir ao mundo sem ter pedido e de existir o apavora, ao analisar os seus pesadelos, você evolui em direção à descoberta de si mesmo e das relações que mantém com os outros. Você poderia ter sufocado as suas angústias noturnas e não ter aberto a caixa de Pandora* representada pela manutenção do seu diário. Mas você teve coragem de fazer isso, e a esperança contida no jarro fez com que acre-

---

* Pandora: mulher de Epimeteu, a quem o seu irmão tinha oferecido uma jarra que não deveria ser aberta. Infelizmente, Pandora a abriu, e todos os males caíram sobre a humanidade.

ditasse em si mesmo. Você não fugiu da visão do sofrimento e da morte, olhou-a de frente para compreender a sua natureza.

No inverno, você pensava que tudo estava morto e foi surpreendido, na primavera, ao ver ressurgir a vida. Aprendeu que a existência não está ligada forçosamente à manifestação. Tomou consciência de que a sua existência estava semeada de grandes questões e não de um conjunto de soluções prontas. A cada dia, você refletiu sobre tudo o que o atormenta. Elaborou estratégias para lutar contra o stress e a ansiedade. Trabalhou a forma de melhorar as suas relações com os outros, de transformar pensamentos negativos em idéias positivas, de modificar as suas atitudes impulsivas em ações maduramente refletidas.

Você ainda soube enfrentar o que tinha recalcado, aceitar o passado para construir o futuro e apreciar o presente. Aprendeu a linguagem do seu corpo e tomou conta dele. Voltou às origens e compreendeu que está preenchido com toda a humanidade. Desembaraçou-se de soluções puramente materiais ao rejeitar a estreiteza da sua existência. Ao se abrir para seu ser, você viu o nada. Teve medo da morte, a mais certa das probabilidades, e porque pensou nela em toda a sua plenitude, você modificou a sua percepção da vida. Cada um de nós é portador de um deus eterno.

A sua relação consigo mesmo mudou e acarretou uma modificação das suas trocas com os outros. O acesso ao seu conhecimento interior reforçou a sua auto-estima e permitiu que se instalasse a confiança que lhe pertence. Os que estão à sua volta não podem destituí-lo de si mesmo. Livre desse medo e tendo chegado à autenticidade, você está aberto aos outros em uma comunicação compartilhada. O essencial não se encontra naquilo que lhe acontece, em seu quinhão de alegria e de dor, está antes na maneira como você age. A sua vida conserva o seu valor no progresso interior, na caminhada a percorrer. A vida espiritual é a garantia dessa via.

A vida diária com suas obrigações e ilusões múltiplas representa o perigo para o seu equilíbrio. Você reconsiderou a sua noção de felicidade e sabe agora distingui-la do prazer. Não é mais prisioneiro de suas crenças, que o mantinham preso a uma visão restritiva. Não é mais escravo de um só príncipe. Você vive plenamente o momento presente sem se atordoar com a embriaguez material e social. Ampliou o seu campo de visão ao ver as diversas facetas de cada acontecimento.

Pela prática da introspecção e da meditação, você expulsa a angústia que criou e deixa de atribuir a origem dos seus medos e dos seus males a causas externas. Como o filósofo Rudolf Eucken, você não deseja desperdiçar o seu capital de vida: "Ao lhes dar vida, a natureza deu a cada um de vocês um capital; mas esse capital era limitado e vocês pouco a pouco o dissiparam; o que é que podem fazer agora? Vocês alcançaram numerosos sucessos, mas esqueceram a alma na incerteza quando surgem as dúvidas relativas a um sentido e um valor para a vida..." Só o valor interior e a profundeza da alma vão afastá-lo do vazio da existência.

Cada um de vocês contribui para o destino geral da humanidade. As diferenças individuais têm a força da complementaridade e favorecem a busca pela verdade. O outro é ao mesmo tempo o seu espelho, o seu censor, o seu rival e o seu parceiro. Ele é espelho na qualidade de testemunha da sua existência; censor para seus incentivos e suas críticas; rival, porque ele encoraja a sua reação e a sua criatividade; parceiro, porque compartilha a sua experiência. Você está consciente da própria importância, porque é um elo da humanidade e contribui para a sua elevação. Você pertence ao cosmo e se sente ligado a tudo. Pela análise dos seus pesadelos, você se fundiu com o herói mitológico para viver a superação do ego e evoluir na direção da auto-realização.

Bibliografia

ADLER, A. *The practice and theory of individuel psychology*, Patterson, Littlefield, Adams.
ANDRÉ, Christophe e LELORD, François. *L'estime de soi*, Éditions Odile Jacob.
BAUDOUIN, B. *L'hindouisme*, Éditions de Vecchi.
BETZ, Otto. *Le Monde du symbole*, Dangles.
CARTWRIGHT, R.D. *Night life: explorations in dreaming*, Englewood Cliffs, N.J., Prentice-Hall.
CRICK, F. e MITCHINSON. *On the function of dreams sleep*, Nature.
ECHE-LECOU, Bernard. *Manuel de Sophrologie pédagogique et thérapeutique*, Maloine.
DE SOUZENELLE, A. *Le Symbolisme du corps humain*, Dangles.
DIEL, P. e SOLOTEREFF, J. *Le symbolisme dans l'Évangile*, Payot.
DIEL, P. *La peur et l'angoisse*, Payot.
DIEL, P. *Le symbolisme dans la Bible*, Payot.
ELIADE, Mircéa. *Initiation, Rites, Sociétés secrètes*, Folio.
ELIADE, Mircéa. *Mythes, Rêves et Mystères*, Folio.
ELIADE, Mircéa. *Aspects du mythe*. Folio.
FOULKES, D. *Les rêves des enfants: simples et heureux*, Psychologie.
FREUD, S. *L'interprétation des rêves*, PUF, Paris.
GHEERBRANT, A. e CHEVALIER, J. *Dictionnaire des Symboles*, Robert Lafont.
GROF, Stanislas. *Royaumes de l'inconscient humain*, Éditions du Rocher.
GROF, Stanislas. *Psychologie transpersonnelle*, Éditions du Rocher.
HAMILTON, E. *La Mythologie*, Marabout.
JOUVET, M. *Le sommeil et les rêves*, Odile Jacob.
JUNG, C.G. *Psychologie de l'inconscient*, Poche.
JUNG. C.G. *L'homme et sés symboles*, Robert Lafont.
JUNG, C.G. *L'homme à la découverte de son âme*, Albin Michel.
JUNG, C.G. *Introduction à l'essence de la mythologie*, Payot.
JUNG, C.G. *Métamorphose de l'âme et ses symboles*, Poche.

MOREL, Corinne. *ABC de la Psychologie et de la Psychanalyse*, Jacques Grencher.

NARONJO, Claudio. *Les chemins de la créativité: Techniques d'épanouissement de l'être*, Dangles.

PERRON, R. *Une Psychanalyse Pourquoi?*, InterÉditions.

PERRON, Charles. *Jésus*, Que sais-je?

ROGER, B. *À la découverte de l'alchimie*, Dangles.

ROMEY, G. *Dictionnaire de la symbolique*, Albin Michel.

RONECKER, J.P. *Le symbolisme animal*, Dangles.

ROSSE, J. *L'Ennéagramme à la lumière du symbolisme des nombres*, Librairie de Médicis.

TOO, L. *Le Guide illustré du Feng Shui*, Guy Trédaniel.

WILHELM, R. e PERROT, E. *Yi King*, Librairie de Médicis.

Mythologies du Monde Entier, sob a direção de R. WILHS, Larousse.

Le Coran. La Bibliothèque spirituelle.

Méditations sur les 22 arcanes majeurs du tarot, Anonymat volontaire de l'auteur, Aubier.

La Bible de Jérusalem.